Verlag Wissenschaft und Politik

Hans-Heinrich Wrede

KSZE in Wien

Kursbestimmung
für Europas Zukunft

© 1990 bei Verlag Wissenschaft und Politik
Berend von Nottbeck, Köln
Umschlaggestaltung Regina Holland-Cunz
Gesamtherstellung Werbedruck Zünkler, Bielefeld 11
Printed in Germany · ISBN 3-8046-8751-2

Gedruckt mit Unterstützung des Bundesministeriums
für Innerdeutsche Beziehungen

Inhaltsverzeichnis

Vorwort

Es gibt internationale Verhandlungen, deren wahre historische Bedeutung nicht sofort, sondern erst nach einiger Zeit zum Vorschein kommt. Zweifellos gehört zu diesen das Wiener KSZE-Treffen, das zum Zeitpunkt des Umschwungs in den Ost-West-Beziehungen und, wie sich herausstellte, am Vorabend der revolutionären demokratischen Veränderungen in Osteuropa stattfand. Das waren, im Grunde genommen, erste multilaterale, komplexe Verhandlungen (über alle Aspekte internationaler Politik – von militärischen bis zu den humanitären), in Laufe derer das neue Denken seinen Ausdruck fand, das durch die sowjetische Perestroika, von ihrem Leader M. Gorbatschow ins Leben gerufen wurde. Die Politiker und die Geschichtswissenschaftler werden noch mehrmals auf die Einschätzung der Ergebnisse und der Folgen des Wiener Treffens zurückgreifen.

Es gibt noch eine bescheidenere Aufgabe »operativen« Charakters, nämlich den Verlauf des Wiener Treffens, die Höhepunkte der offiziellen und inoffiziellen Diskussionen, die Zusammenstöße der Positionen »auf frischer Fährte« darzulegen und zu fixieren. Wenn ein unmittelbarer Teilnehmer des Treffens dies tut, steigt der Wert solch einer Publikation dank authentischer Dokumentierung und persönlicher Beobachtungen. Das hat sich unser geehrter deutscher Kollege vom Wiener Treffen, Hans-Heinrich Wrede, zur Aufgabe gemacht. Und er hat diese Aufgabe vollkommen bewältigt (Dabei gehe ich auf das Wesen politischer Einschätzungen nicht ein, die natürlich verschieden sein können).

Da viele Leute, wie oben bereits gesagt, auf das Thema des Wiener Treffens noch mehrmals in der Zukunft zurückgreifen werden, wird es mich nicht überraschen, sollte dieses Buch zum Handbuch und »Bestseller« besonders im Kreise jener Fachleute für den gesamteuropäischen Prozeß werden, die wir scherzhaft »KSZE-Mafia« nennen.

Jurij Kaschlew
Botschafter der UdSSR

7

Prolog

Ich bin Wissenschaftlern begegnet, die über
Geschichte schrieben, ohne an öffentlichen
Angelegenheiten teilzunehmen, und habe
Politiker getroffen, die sich damit beschäftigten,
Ereignisse zu schaffen, ohne darüber nachzuden-
ken. Ich konnte beobachten, daß die ersteren stets
dazu neigten, allgemeine Ursachen zu ergründen,
während die letzteren, inmitten von zusammen-
hanglosen täglichen Tatsachen, für die Vorstellung anfällig sind, alles sei besonderen Vorfällen
zuzuschreiben und die Drähte, die sie zögen,
seien dieselben, die die Welt bewegten. Es ist
anzunehmen, daß sich beide gleichermaßen
täuschen.

Alexis de Tocqueville

Vor dem eigentlichen Einstieg in die Materie dieses Buches ist es angebracht, daß sich der Verfasser vorstellt. Er hat am Vorbereitungstreffen für
das Wiener Treffen ebenso wie am Folgetreffen selbst für die gesamte
Dauer teilgenommen. Auf dem Haupttreffen war er in der Delegation der
Bundesrepublik Deutschland zuständig zunächst für den Abschnitt
Menschliche Kontakte im Korb III, dann ab Anfang Juli 1987 für den gesamten Korb III (also auch für die Abschnitte Information, Kultur und Bildung). Von Anfang an war der Verfasser zudem für die Pressearbeit zuständig und einer der »hauptamtlichen« Redenschreiber der Delegation. Während der deutschen EG-Präsidentschaft im ersten Halbjahr 1988 gehörte
der Verfasser auch der sogenannten »GRID«-Gruppe an, die die Arbeits-
programme und Sitzungskalender für das Wiener Treffen aushandelte. Darüber hinaus hat der Verfasser während der griechischen EG-Präsidentschaft
auf deren ausdrückliche Bitte (und mit Zustimmung der an sich zuständigen
spanischen Delegation) vier weitere Monate – vom 1. 7. bis 7. 11. 1988 – den

EG-Vorsitz in der Korb III-Expertengruppe beibehalten. In dieser Funktion war er auch stets einer der westlichen Verhandlungsführer für Korb III im Kreis der 35.

Die in der folgenden Darstellung enthaltenen Bewertungen liegen allein in der persönlichen Verantwortung des Autors; weder das Auswärtige Amt noch die Delegation der Bundesrepublik Deutschland auf dem Wiener Treffen können in irgendeiner Weise an die Meinungen des Verfassers gebunden oder für sie verantwortlich gemacht werden. Während des Wiener Treffens galt selbstverständlich für den Autor das Wort aus »Wallensteins Tod«: »Ich hab' hier bloß ein Amt und keine Meinung.« Knapp zwei Jahre nach Abschluß des KSZE-Folgetreffens und nach 1989, dem »Jahr der friedlichen Revolution« in Mittel- und Osteuropa, sollte es möglich sein, das Wiener Treffen und seine Ergebnisse in Offenheit und sachlich zu beschreiben. Hierbei ist es nicht nötig, Geheimnisse zu enthüllen; denn auf dem Wiener Treffen blieb wohl kein Problem, kein verhandlungstaktisches Motiv oder Manöver, kein Eigeninteresse eines Teilnehmers verborgen. Zwischen den Delegationen aus West, Ost und den Neutralen und Ungebundenen fand ständig ein außerordentlich offener Informations- und Meinungsaustausch statt, wovon auch die interessierten Medienvertreter voll profitierten: »Glasnost« in Perfektion.

Zweifellos ist man hinterher immer klüger, doch läßt sich durchaus mit guten Gründen die These verfechten, daß die Delegationen der 35 KSZE-Teilnehmer in Wien nach langem und schwerem Ringen die konzeptionellen Grundlagen für die revolutionären Umwälzungen im Laufe des Jahres 1989 mit geschaffen haben. An erster Stelle trifft dies auf die später ausführlich zu erläuternden Verpflichtungen zu den Menschenrechten, insbesondere zur Freizügigkeit, zur Religionsfreiheit, zum Schutz von Minderheiten und zum rechtsstaatlichen Verfahren, zu. Darauf haben sich Regierungen und Bürger der mittel- und osteuropäischen Staaten zur Durchsetzung ihrer systemändernden Forderungen berufen können. Noch bei keinem KSZE-Beschluß, auch nicht bei der Unterzeichnung der Schlußakte von Helsinki 1975, hatten seine Urheber die Illusion, er werde umgehend und uneingeschränkt in allen Teilnehmerstaaten verwirklicht. Immer besaßen sie nur die bescheidene Zuversicht, daß mit der Zeit die Regierungen der 35 die KSZE-Vereinbarungen in ihrer Gesamtheit implementieren würden und ihren Bürgern zugute kommen ließen. Nach Wien war alles anders; zu Recht wurde vom Jahre 1989 gesagt: »Soviel Anfang war nie.« Den Wiener KSZE-Verhandlern läßt sich dabei das Verdienst zuschreiben, den möglichen – und dann so rasant vollzogenen – Wandel in weitem Maße vorgedacht und in berufungsfähigen Beschlüssen formuliert zu haben. Sie haben zum Prozeß der europäischen Selbstfindung ein gutes Stück beigetragen und den pathetisch oft so genannten »europäischen Friedensweg« mit dem

Ziel einer erneuerten geistigen Einheit des Kontinents im Zeichen der Freiheit zu ebnen geholfen.

Post aus Mittel- und Osteuropa haben die westlichen Delegationen auf dem Wiener Treffen der 35 KSZE-Teilnehmerstaaten häufig empfangen: Fast immer flehentliche Bittbriefe von Ausreisewilligen. Doch schon in der Mitte des Wiener Treffens, im Frühjahr 1988, gab es auch erfreuliche Briefe. So fiel einem Mitglied der deutschen Delegation beim Öffnen eines Umschlags ein schönes Farbfoto in die Hände, das ein strahlendes Paar zeigte. Auf der beigelegten Karte bedankten sich zwei Frischvermählte, die Deutsche Renate Janssen-Tavhelidse und der Sowjetbürger Nikifor Tavhelidse, für die Unterstützung, die sie von der deutschen Botschaft in Moskau ebenso wie von der Wiener Delegation der Bundesrepublik Deutschland bei ihrem Antrag auf »Eheschließung zwischen Bürgern verschiedener Nationalität« erhalten hatten.

Ein anderes Schreiben hatte der tschechoslowakische Schriftsteller Vaclav Havel bereits im November 1987 an alle 35 Delegationen gerichtet mit dem Appell, die KSZE als die »gemeinsame Stimme aller Europäer« möge zu den Angriffen gegen die geistige Freiheit in der ČSSR nicht schweigen.

Wenige Monate nach Abschluß des Wiener Treffens am 19. Januar 1989 berichtete das österreichische Nachrichtenmagazin »Profil« von der Gründung einer unabhängigen Menschenrechtsgruppe in Bulgarien, die sich den Namen »Wien 89« gegeben hatte.

Knapp neun Monate nach dem Wiener Abschluß veröffentlichte der ehemalige amerikanische Präsident Gerald Ford (in der »International Herald Tribune« vom 12. 10. 1989) einen Artikel, in dem er seinen Stolz darauf bekräftigte, am 1. August 1975 die Schlußakte von Helsinki unterschrieben zu haben.

Das Dankschreiben aus der Sowjetunion, der Aufruf von Vaclav Havel, die Gründung der Menschenrechtsgruppe in Bulgarien und Gerald Fords Kommentar belegen die Kraft des KSZE-Prozesses und die – leider so oft noch enttäuschten – Hoffnungen der Menschen in die Erfüllung der KSZE-Verpflichtungen. Das Wiener Treffen – das dritte KSZE-Folgetreffen seit der Schlußakte von Helsinki – hat mit seinem Verlauf und seinen inhaltsreichen Ergebnissen der Konferenz über Sicherheit und Zusammenarbeit in Europa (KSZE) eine Fülle von starken Impulsen zur Fortentwicklung des Beziehungsgeflechts der daran beteiligten Staaten – aller Europäer (mit Ausnahme Albaniens) sowie der USA und Kanadas – gegeben und, was den einzelnen Menschen unmittelbar betrifft, zur besseren Beachtung der Menschenrechte eine Vielzahl von konkreten Bestimmungen beschlossen.

In diesem Buch geht es um das Wiener Treffen, um die Festlegungen im »Abschließenden Dokument« von Wien und schließlich um die Nutzanwendung der KSZE-Dokumente für den einzelnen. Zum besseren Verständnis dieser zentralen KSZE-Veranstaltung wird in der gebotenen Kürze die Vorgeschichte geschildert: die West-Ost-Beziehungen seit 1961 und der KSZE-Prozeß vor Wien.

Danksagung: Ohne die unendliche Geduld von Frau Hildegard Hinkelmann wäre dieses Manuskript nicht zustandegekommen. Herrn Simon Palmisano verdanke ich Hinweise zur offiziellen Chronik des Wiener Treffens und zu anderen Texten.

Widmung: Dieses Buch widme ich meinem Vater, Dr. Joachim Wrede, sowie meinem Sohn Benedikt und seiner Schwester Honor.

Vom Mauerbau zur Entspannungspolitik
Entwicklung der West-Ost-Beziehungen
1961–1973

Eine Reise von tausend Meilen
beginnt mit einem einzigen Schritt.
Chinesisches Sprichwort

Mit dem Bau der Mauer in Berlin am 13. August 1961 war Klarheit über einige Grundregeln im Verhältnis von West und Ost geschaffen, zugleich den Deutschen Illusionen über die Tragweite westlichen Engagements für das Offenhalten der »deutschen Frage« schmerzhaft genommen worden. Nun zeigte die Ost-West-Trennlinie quer durch Europa, mitten durch Deutschland und durch Berlin ihr häßliches und sehr definitives Gesicht. Auf unabsehbare Dauer schien die Teilung Deutschlands zementiert, die Deutschen in ihren Teilstaaten voneinander getrennt.

Der Mauerbau ist ein trauriger Höhepunkt des Kalten Krieges und herber Vollzug der »Ent-Täuschung« der Deutschen. Doch zugleich ist er ein Wendepunkt; denn er hat ein Umdenken in der Frage eingeleitet, wie die West-Ost-Beziehungen insgesamt und wie die deutsche Frage künftig konzeptionell und praktisch zu behandeln seien. Noch in seiner Rede zum Amtsantritt am 20. Januar 1961 hatte der amerikanische Präsident John F. Kennedy in geradezu martialischen Tönen den globalen Anspruch der USA verkündet: »Jede Nation, ob sie uns gut oder böse will, soll wissen, daß wir jeden Preis bezahlen, jede Last tragen, jedes Opfer erdulden und jeden Freund unterstützen oder uns jedem Feind widersetzen werden, um den Fortbestand und den Erfolg der Freiheit zu sichern.« Nun war es derselbe Staatsmann, der sich nach erfolgreicher Bewältigung der Kuba-Krise zu einem Neuanfang bestärkt fühlte und einen genuinen Dialog mit der sowjetischen Führung aufnahm. Mit seiner programmatischen Rede am 10. Juni 1963 an der American University in Washington hat Kennedy – nach Meinung vieler erfahrener Experten des West-Ost-Verhältnisses – wesentliche konzeptionelle Grundlagen für die Entspannungspolitik geschaffen. Einige Sätze können noch heute Gültigkeit beanspruchen; so spricht Kennedy u. a. davon:

13

»Denn der Friede ist ein Prozeß – ein Weg, Probleme zu lösen . . . Selbst bei den feindlichsten Ländern kann man damit rechnen, daß sie solche vertraglichen Verpflichtungen akzeptieren und einhalten, die in ihrem eigenen Interesse sind.

Wir wollen also gegenüber unseren Differenzen nicht die Augen verschließen – aber wir wollen auch unsere Aufmerksamkeit auf die gemeinsamen Interessen und auf die Mittel richten, durch die diese Differenzen beseitigt werden können. Wenn wir unsere Differenzen auch noch nicht ganz aus der Welt schaffen können, so können wir doch zumindest dazu beitragen, daß der Welt Vielfalt erhalten bleibt.«

Bereits wenige Wochen nach dieser Rede zogen die USA, die Sowjetunion und Großbritannien mit der Unterzeichnung des Teststoppabkommens (Einstellung von Atomwaffenversuchen, auch unterirdischen) am 5. August 1963 erste konkrete Folgerungen.

In der Bundesrepublik Deutschland vollzog sich parallel dazu – wenngleich zögernder – eine Neubesinnung auf die realistisch erreichbaren Ziele in der Deutschlandpolitik und die Mittel ihrer Durchsetzung, aber auch eine allmähliche Distanzierung von der sog. »Hallstein-Doktrin«, die de facto der DDR ein Monopol in den Beziehungen zu den anderen Staaten des Warschauer Pakts und darüber hinaus zu vielen Staaten der sich langsam konturierenden »Dritten Welt« überließ.

Immerhin machte die Regierung Erhard im Frühjahr 1966 einen beachtlichen Schritt gegenüber den WP-Staaten, nicht aber gegenüber der DDR, mit einer Note zur deutschen Friedenspolitik (am 23. 3. 1966) und dem Angebot des Austausches von Gewaltverzichtserklärungen. In der Friedensnote hieß es u. a.:

»Die Bundesregierung verfolgt weder eine Revanche-Politik noch eine restaurative Politik. Ihr Blick ist nicht rückwärts, sondern vorwärts gewandt. Ihr Ziel ist eine gerechte, auf friedlichen Vereinbarungen beruhende europäische Ordnung, in der alle Völker frei und als gute Nachbarn miteinander leben können. Auch die Sowjetunion und die osteuropäischen Staaten sind Teil Europas.«

Vom damaligen Außenminister Gerhard Schröder selbst stammt der Satz: »Wenn wir keine großen Schritte tun können, vielleicht können wir Schritt um Schritt weiter vorankommen.« Schröders späterer Nachfolger Hans-Dietrich Genscher würdigte Anfang 1990 nach Schröders Tod dessen Konzeption mit der Feststellung:

»Seine Außenpolitik öffnete neue Wege. In seinem Denken und Handeln fest verwurzelt in der Wertegemeinschaft des westlichen Bündnisses und der Europäischen Gemeinschaft, suchte er nach Osten behutsam und mit großem Weitblick Ansätze für Verständigung und Zusammenarbeit.«

Doch erst die Große Koalition Kiesinger/Brandt (1966–1969) erwog über bloße Ansätze hinausgehende Schritte, ohne den von Willy Brandt angestrebten kühnen Durchbruch zu einer umfassenden Normalisierung zustande zu bringen, wozu u. a. unabdingbar die Anerkennung der Existenz der DDR gehörte, nicht aber nur ihre Qualifizierung als »Phänomen« oder »Gebilde« (Kiesinger).

Die NATO, angeführt von den USA und inspiriert auch von de Gaulle, überdachte die Neugestaltung der West-Ost-Beziehungen gründlich und machte sich schließlich im Jahr 1967 die Schlußfolgerungen des Harmel-Berichts zu eigen. Der damalige belgische Außenminister Harmel hatte, zusammen mit hochrangigen Beamten anderer NATO-Mitgliedstaaten, darunter von deutscher Seite der Staatssekretär im Auswärtigen Amt und enge Mitarbeiter Willy Brandts, Klaus Schütz, den Auftrag zur Ausarbeitung eines neuen Konzepts für die West-Ost-Beziehungen erhalten. Die beiden Hauptprinzipien dieses Konzepts, die Kennedy in seiner Erklärung von 1963 bereits weitgehend postuliert hatte, sind auch heute noch bestimmende Leitlinien gemeinsamer Ostpolitik der 16 Partner in der westlichen Verteidigungsallianz. Einerseits sind die NATO-Verbündeten dazu entschlossen, ihre Verteidigungsfähigkeit solide und auf Dauer sicherzustellen. Andererseits aber, auf der Grundlage einer gesicherten Verteidigung und allein auf dieser, wollen die westlichen Partner den Dialog und die Zusammenarbeit mit den Staaten des Warschauer Pakts suchen und ausbauen. Der Harmel-Bericht hat über die Beschreibung dieser Kerngrundsätze hinaus auch eine Analyse der West-Ost-Situation vorgenommen und dabei diagnostiziert, daß die ungelöste deutsche Frage die entscheidende Belastung für die West-Ost-Beziehungen darstelle. Seit seiner Verabschiedung ist der Harmel-Bericht viel zitiert, aber selten vollständig gelesen worden. Daher lohnt es sich, wesentliche Passagen in Erinnerung zu rufen:

. . .

5. Die Atlantische Allianz hat zwei Hauptfunktionen. Die erste besteht darin, eine ausreichende militärische Stärke und politische Solidarität aufrechtzuerhalten, um gegenüber Aggression und anderen Formen von Druckanwendung abschreckend zu wirken und das Gebiet der Mitgliedstaaten zu verteidigen, falls es zu einer Aggression kommt. Seit ihrer Gründung hat die Allianz diese Aufgabe erfolgreich erfüllt. Aber die Möglichkeit einer Krise kann nicht ausgeschlossen werden, solange die zentralen politischen Fragen in Europa, zuerst und zunächst die Deutschlandfrage, ungelöst bleiben. Außerdem schließt die Situation mangelnder Stabilität und Ungewißheit noch immer eine ausgewogene Verminderung der Streitkräfte aus. Unter diesen Umständen werden die Bündnispartner zur Sicherung des Gleichgewichts der Streitkräfte das erforderliche militärische Potential aufrechterhalten

und dadurch ein Klima der Stabilität, der Sicherheit und des Vertrauens schaffen.

In diesem Klima kann die Allianz ihre zweite Funktion erfüllen: die weitere Suche nach Fortschritten in Richtung auf dauerhafte Beziehungen, mit deren Hilfe die grundlegenden politischen Fragen gelöst werden können. Militärische Sicherheit und eine Politik der Entspannung stellen keinen Widerspruch, sondern eine gegenseitige Ergänzung dar. Die kollektive Verteidigung ist ein stabilisierender Faktor in der Weltpolitik. Sie bildet die notwendigen Voraussetzungen für eine wirksame, auf größere Entspannung gerichtete Politik. Der Weg zu Frieden und Stabilität in Europa beruht vor allem auf dem konstruktiven Einsatz der Allianz im Interesse der Entspannung.

Die Beteiligung der UdSSR und der Vereinigten Staaten wird zur wirksamen Lösung der politischen Probleme Europas erforderlich sein.

. . .

8. Ohne erhebliche Anstrengungen aller Beteiligten ist keine Friedensordnung in Europa möglich. Die Entwicklung der sowjetischen und osteuropäischen Politik berechtigt zu der Hoffnung, daß diese Regierungen schließlich die Vorteile erkennen werden, die auch ihnen aus der gemeinsamen Erarbeitung einer friedlichen Regelung erwachsen. Eine endgültige und stabile Regelung in Europa ist jedoch nicht möglich ohne eine Lösung der Deutschlandfrage, die den Kern der gegenwärtigen Spannungen in Europa bildet. Jede derartige Regelung muß die unnatürlichen Schranken zwischen Ost- und Westeuropa beseitigen, die sich in der Teilung Deutschlands am deutlichsten und grausamsten offenbaren.

. . .

12. Die Bündnispartner werden laufend politische Maßnahmen prüfen, die darauf gerichtet sind, eine gerechte und dauerhafte Ordnung in Europa zu erreichen, die Teilung Deutschlands zu überwinden und die europäische Sicherheit zu fördern.

. . .

Die sozialliberale Regierungskoalition in der Bundesrepublik Deutschland leitete mit ihrer Ostpolitik, die sich stets zumindest der offiziellen Unterstützung der westlichen Hauptpartner USA, Großbritannien und Frankreich erfreuen konnte, einen Prozeß der Normalisierung und Aussöhnung mit dem Osten ein. In der Regierungserklärung der sozialliberalen Koalition vom 28. 10. 1969 umriß Willy Brandt ein Gesamtkonzept, das neben der »Ostpolitik« vor allem aber auch die Erweiterung der EG um Großbritannien vorsah:

»Im Zusammenklang der europäischen Stimmen darf die britische keineswegs fehlen, wenn Europa sich nicht selbst schaden will. Wir haben mit Befriedigung verfolgt, daß für die ausschlaggebenden Kräfte der britischen Politik weiterhin die Überzeugung gilt, Großbritannien brauche seinerseits Europa. Es ist an der Zeit, so meinen wir, den sicher schwierigen und vermutlich auch zeitraubenden Prozeß einzuleiten, an dessen Ende die Gemeinschaft auf einer breiteren Grundlage stehen wird.

. . .

Unser nationales Interesse erlaubt es nicht, zwischen dem Westen und dem Osten zu stehen. Unser Land braucht die Zusammenarbeit und Abstimmung mit dem Westen und die Verständigung mit dem Osten. Auf diesem Hintergrund sage ich mit starker Betonung: Das deutsche Volk braucht den Frieden im vollen Sinne dieses Wortes auch mit den Völkern der Sowjetunion und allen Völkern des europäischen Ostens. Zu einem ehrlichen Versuch der Verständigung sind wir bereit, damit die Folgen des Unheils überwunden werden können, das eine verbrecherische Clique über Europa gebracht hat. Dabei geben wir uns keinen trügerischen Hoffnungen hin: Interessen, Machtverhältnisse und gesellschaftliche Unterschiede sind weder dialektisch aufzulösen noch dürfen sie vernebelt werden. Aber unsere Gesprächspartner müssen auch dies wissen: Das Recht auf Selbstbestimmung, wie es in der Charta der UN niedergelegt ist, gilt auch für das deutsche Volk. Dieses Recht und dieser Wille, es zu behaupten, können kein Verhandlungsgegenstand sein. Wir sind frei von Illusionen zu glauben, das Werk der Versöhnung sei leicht oder schnell zu vollenden. Es handelt sich um einen Prozeß; aber es ist an der Zeit, diesen Prozeß voranzubringen. In Fortsetzung der Politik ihrer Vorgängerin erstrebt die Bundesregierung gleichmäßig verbindliche Abkommen über den gegenseitigen Verzicht auf Anwendung oder Androhung von Gewalt.

. . .

Die Politik des Gewaltverzichts, die die territoriale Integrität des jeweiligen Partners berücksichtigt, ist nach der festen Überzeugung der Bundesregierung ein entscheidender Beitrag zu einer Entspannung in Europa.«

Die Verträge von Moskau 1970, Warschau 1970 und Prag 1973, das Vier-Mächte-Abkommen von 1971 sowie der Grundlagenvertrag mit der DDR 1972 enthalten die Geschäftsbedingungen für eine gedeihliche Entwicklung der Beziehungen zwischen der Bundesrepublik Deutschland (unter Einschluß West-Berlins!) und ihren östlichen Vertragspartnern. Ausgehend vom tatsächlichen Status quo, aber ohne dessen irreversible völkerrechtliche Fixierung, und von den weiterbestehenden grundsätzlichen Gegensätzen, setzen sich die Vertragspartner einen praktischen Modus vivendi zum Ziel, womit Zusammenarbeit zum gegenseitigen Nutzen ebenso wie die kooperative Regelung von Anliegen, die die Menschen unmittelbar betreffen, möglich und durchführbar würden. Die Bundesrepublik Deutschland hat – unwidersprochen durch die östlichen Vertragspartner – anläßlich des Abschlusses aller genannten Verträge ihren Standpunkt zur deutschen Frage im »Brief zur deutschen Einheit« rechtswahrend dargelegt und u. a. festgestellt, daß die Verträge »nicht im Widerspruch zu dem politischen Ziel der Bundesrepublik Deutschland« stünden, »auf einen Zustand des Friedens in Europa hinzuwirken, in dem das deutsche Volk in freier Selbstbestimmung seine Einheit wiedererlangt«.

Im Grundlagenvertrag kommt besonders unmißverständlich die Verbindung von prinzipiellem Dissens und praktischer Kooperationsbereitschaft zum Ausdruck. Dort heißt es in der Präambel u. a.: ». . . ausgehend von den historischen Gegebenheiten und unbeschadet der unterschiedlichen Auffassungen der Bundesrepublik Deutschland und der Deutschen Demokratischen Republik zu grundsätzlichen Fragen, darunter zur nationalen Frage, geleitet von dem Wunsch, zum Wohle der Menschen in den beiden deutschen Staaten die Voraussetzungen für die Zusammenarbeit zwischen der Bundesrepublik Deutschland und der Deutschen Demokratischen Republik zu schaffen.«

Bemerkenswert im Grundlagenvertrag ist ferner, daß im Unterschied zu den anderen Ostverträgen die Wahrung der Menschenrechte ausdrücklich als eines der Ziele und Prinzipien genannt wird, von denen sich die beiden Vertragsparteien leiten lassen würden.

Das Zustandekommen der Ostverträge war verknüpft mit, ja abhängig gemacht von dem Abschluß des bereits genannten Viermächte-Abkommens vom 9. September 1971, das seither ein zuverlässig funktionierendes Regelwerk für die praktische Verbesserung der Lage zugunsten der Menschen im geteilten Berlin schuf.

Mit Blick auf die spätere Geschichte sollte nicht vergessen werden, daß der Innenminister der Jahre 1969 bis 1974, Hans-Dietrich Genscher, als »Verfassungsminister« gleichsam die Funktion eines gestrengen Notars der Ostverträge ausübte. Genschers ausgeprägtes Engagement für die Entspannungspolitik kam besonders deutlich schon 1966 (in einem Grundsatzartikel in der Zeitschrift »liberal« vom 6. 9.) in ungewöhnlich dezidierter Form zum Ausdruck. Wer die Kontinuität und die Beweggründe der Außenpolitik Genschers heute zu verstehen sucht, wird in dem Aufsatz von 1966 die Verbindung einer zutiefst patriotischen Haltung mit einer weitsichtigen gesamteuropäischen Gesinnung entdecken. So schreibt Genscher u. a.:

». . . Mit der Selbstbeschränkung der Alliierten am 13. August 1961 auf die genannten Garantien ist die Politik der innerdeutschen Verklammerung allein uns überlassen; oder sie findet nicht statt. Die Erhaltung des Zusammengehörigkeitsgefühls der Deutschen und die Durchsetzung eines humanitären Minimalprogramms ist daher allein unsere Sache. Beide Faktoren haben weit über ihre moralische Substanz hinaus eine erhebliche politische Bedeutung. Die Erhaltung und Stärkung des Gefühls, ein Volk zu sein, die Stärkung des Willens zur Einheit sind die Grundlagen einer aussichtsreichen Deutschlandpolitik . . .«

». . . Es gibt keinen Anschluß Mitteldeutschlands an die Bundesrepublik, wohl aber ist eine Entwicklung möglich, an deren Ende die Wiedervereinigung in Frieden und Freiheit steht. Sie wird nur eintreten, wenn die Bundesrepublik ihre ganze Kraft auf dieses Ziel richtet, wenn sie behutsam zu einer Veränderung in Deutschland und um Deutschland herum beiträgt, die eine Zusammenführung der getrennten Teile Deutschlands als eine logische Konsequenz und nicht als eine Kapitulation der Kommunisten in Moskau, in Osteuropa und in Ost-Berlin erscheinen läßt. . . .«

Genscher sagt ferner:»Die Politik der Bundesrepublik muß . . . die Gleichheit ihrer Interessen mit denen bestimmter osteuropäischer Staaten erkennen. Sie muß darauf gerichtet sein, eine Verminderung der sowjetischen Streitkräfte in Mitteleuropa zu erreichen.«

Die Schlußakte
von Helsinki 1975

Die bilateral angelegte deutsche Ostpolitik machte den Weg frei für den multilateral orientierten KSZE-Prozeß. Hatte die Sowjetunion schon seit Beginn der fünfziger Jahre eine »Europäische Sicherheitskonferenz« gefordert, zur endgültigen Festschreibung der nach dem Zweiten Weltkrieg entstandenen »Ordnung« in Europa und möglichst unter Ausschluß der beiden nordamerikanischen Staaten, setzte der Westen – in Fortentwicklung der Harmel-Grundsätze und der Ergebnisse deutscher Ostpolitik – den östlichen Forderungen sein eigenes, weit umfassenderes Konzept entgegen: Teilnahme der USA und Kanadas und Ausdehnung der West-Ost-Tagesordnung auf die Menschenrechte und die ihrer Verwirklichung dienende humanitäre Kooperation.

Der Westen, so läßt sich ohne Einseitigkeit bilanzieren, konnte seine Vorstellung vom KSZE-Prozeß voll verwirklichen. Diese Einschätzung wurde auch von östlicher Seite weitgehend geteilt. So teilt der frühere Mitarbeiter Gromykos, Arkady N. Shevchenko, in seinem Memoirenband »Breaking with Moscow« (New York 1985) mit, daß der sowjetische Chefunterhändler Anatoli Kowaljow nach Unterzeichnung der Schlußakte nicht die erwartete Mitgliedschaft im Zentralkomitee erhielt, weil man ihn für die an den Westen gemachten Konzessionen (vor allem die Anerkennung des Menschenrechtsprinzips) verantwortlich machte. Kowaljow, dessen knappe und anschauliche Beschreibung der zur Schlußakte führenden Verhandlungen in seinem Büchlein »ABC der Diplomatie« (Berlin 1980) auch jetzt noch lesenswert ist, war später erneut sowjetischer Delegationsleiter bei dem Madrider KSZE-Folgetreffen und besuchte auch das Wiener Treffen in seiner Funktion als stellvertretender Außenminister.

Am 1. August 1975 unterzeichneten die Staats- und Regierungschefs der 35 Teilnehmerstaaten in Helsinki die Schlußakte, die nicht ein völkerrechtlicher Vertrag ist, aber aufgrund der Unterschriften hohe politische Bindungswirkung besitzt und in der Folge auch entfaltet hat. Damit begann der eigentliche KSZE-Prozeß, dessen »Grundgesetz« der im sog. Korb I enthaltene Katalog von Prinzipien für die Regelung zwischenstaatlicher Beziehungen ist. Diese zehn Prinzipien als Kernvorschriften der KSZE waren seither

Gegenstand eines bis heute nicht beendeten Auslegungsstreites zwischen West und Ost. Diese Bestimmungen bedürfen daher gründlicher Analyse. Wer sich auf sie beruft, sollte zunächst die ausdrücklich im Prinzip X niedergelegte Gleichrangigkeit aller zehn Prinzipien anerkennen und die dortselbst ebenfalls enthaltene Regel beherzigen, wonach alle Prinzipien gleichermaßen und vorbehaltlos anzuwenden sind und ein jedes von ihnen unter Beachtung der anderen auszulegen ist. Für die Schlußakte als Ganzes kommt ebensowenig eine selektive Interpretation in Frage; sie muß in allen ihren Teilen beachtet werden. Die oft festgestellte Tendenz einiger Regierungen in Ost und West, sich willkürlich lediglich genehme Vorschriften des Helsinki-Verhaltenskodex herauszugreifen und die anderen zu ignorieren, ist der ausgewogenen Entwicklung der kooperativen Beziehungen zwischen den 35 hinderlich gewesen. Gegenüber den WP-Staaten ist es jedoch stets legitim gewesen, den in der Schlußakte erreichten Stellenwert der Menschenrechte geltend zu machen. Dies erhellt aus dem Vergleich mit der nur wenige Jahre vorher in der Generalversammlung der Vereinten Nationen am 24. 10. 1970 angenommenen Resolution 2625 (XXV) »Declaration on Principles of International Law concerning Friendly Relations and Co-operation among States in accordance with the Charter of the United Nations«; der Helsinki-Prinzipienkatalog zehrt weitgehend von der »Friendly Relations«-Resolution, entwickelt sie aber entscheidend weiter, insofern als die Menschenrechte in der Resolution nur als Gegenstand zwischenstaatlicher Zusammenarbeit untergeordnet eingestuft ist, in der Schlußakte jedoch eigenständig und mit den anderen Prinzipien gleichrangig ist. In diesem Zusammenhang ist auch interessant, daß die »Basic Principles of US-Soviet Relations« vom 31. Mai 1972, in Moskau durch Richard Nixon und Leonid Breschnew verkündet, die Menschenrechte überhaupt nicht erwähnen. Im Helsinki-Prinzipienkatalog ist darüber hinaus die im Prinzip I aufgeführte Klausel zum friedlichen Wandel ebenfalls ein – aus spezifisch deutschem Interesse – aufgenommenes Novum. Danach erklären die Teilnehmerstaaten (TNS) ihre Auffassung, »daß ihre Grenzen, in Übereinstimmung mit dem Völkerrecht, durch friedliche Mittel und durch Vereinbarung verändert werden können«. Dazu äußerte sich auch der Europäische Rat (damals neun Regierungschefs der EG) am 17. 7. 1975:

». . . Unter den aufgestellten Grundsätzen, von denen jeder unter Berücksichtigung der anderen auszulegen ist, hat die Konferenz die Unverletzlichkeit der Grenzen und zugleich die Möglichkeit bestätigt, sie – in Übereinstimmung mit dem Völkerrecht – durch friedliche Mittel und durch Vereinbarung zu verändern . . .«

Schon im nächsten Satz des Prinzips I ist die sogenannte »Hamlet-Formel« zu lesen, wonach die TNS das Recht haben, »Vertragspartei eines Bündnisses zu sein oder nicht zu sein«. Das im Prinzip VIII ausgesprochene Selbstbestimmungsrecht der Völker gibt ihnen »jederzeit das Recht, in voller Freiheit, wann und wie sie es wünschen, ihren inneren und äußeren politischen Status ohne äußere Einmischung zu bestimmen . . .«. Die erwähnte VN-Resolution von 1970, an deren Ausarbeitung sich die Bundesrepublik Deutschland und die DDR nicht beteiligen konnten (UNO-Beitritt beider Staaten erst am 18. 9. 1973), hat das Selbstbestimmungsrecht der Völker u. a. durch folgende Bestimmung konkretisiert:

>. . . Die Gründung eines souveränen und unabhängigen Staates, die freie Vereinigung mit einem unabhängigen Staat oder die freie Eingliederung in einen solchen Staat oder das Entstehen eines anderen, durch ein Volk frei bestimmten politischen Status stellen Möglichkeiten der Verwirklichung des Selbstbestimmungsrechts durch das Volk dar . . .«

Der Vollständigkeit halber ist hierzu der Hinweis auf eine weitere, im Prinzip X, Absatz 6, enthaltene Bestimmung notwendig; dort heißt es: Die TNS stellen fest, daß »die vorliegende Erklärung weder ihre Rechte und Verpflichtungen noch die diesbezüglichen Verträge und Abkommen und Abmachungen berührt«. Abgesehen von der Selbstverständlichkeit, daß die lediglich mit politischer Bindungswirkung ausgestattete Prinzipienerklärung verbindliches Völkerrecht, auch das in Verträgen zustande gekommene, nicht berührt, ist allerdings nicht eindeutig durch Auslegung klärbar, ob und inwieweit die »Unberührtheitsklausel« über das Rangverhältnis zwischen dem Prinzipienkatalog und völkerrechtlichen Verträgen entscheidet; denn das Selbstbestimmungsrecht der Völker ist über die Schlußakte hinaus bindendes Völkerrecht und z. B. in der Charta der Vereinten Nationen und in den beiden internationalen Pakten über die Menschenrechte von 1966 längst fest verankert. Im Klartext, praktisch bezogen auf die gegenwärtige Lage in Europa, kann dies für die freie Ausübung des Selbstbestimmungsrechts der Völker nur bedeuten, daß es jedem Volk zusteht, aber sich ausschließlich auf friedlichem Wege und im vertraglichen Einvernehmen mit ggf. unmittelbar betroffenen anderen Staaten oder Völkern verwirklichen läßt. Nach Völkerrecht und KSZE-Prinzipien kann also jedes Volk darauf bauen, in sicheren Grenzen leben zu können; allein aufgrund der eigenen souveränen Zustimmung – hoffentlich ausgeübt in der Freiheit genuin demokratischer Wahlen – ändert ein Staat seine Grenzen.

Hier nun der vollständige Wortlaut des Prinzipienkatalogs, dem nach Auffassung aller TNS grundlegende Bedeutung für die Wahrung von Stabilität und Sicherheit in Europa zukommt:

I. Souveräne Gleichheit,
Achtung der der Souveränität innewohnenden Rechte

Die Teilnehmerstaaten werden gegenseitig ihre souveräne Gleichheit und Individualität sowie alle ihrer Souveränität innewohnenden und von ihr umschlossenen Rechte achten, einschließlich insbesondere des Rechtes eines jeden Staates auf rechtliche Gleichheit, auf territoriale Integrität sowie auf Freiheit und politische Unabhängigkeit. Sie werden ebenfalls das Recht jedes anderen Teilnehmerstaates achten, sein politisches, soziales, wirtschaftliches und kulturelles System frei zu wählen und zu entwickeln sowie sein Recht, seine Gesetze und Verordnungen zu bestimmen.

Im Rahmen des Völkerrechts haben alle Teilnehmerstaaten gleiche Rechte und Pflichten. Sie werden das Recht jedes anderen Teilnehmerstaates achten, seine Beziehungen zu anderen Staaten im Einklang mit dem Völkerrecht und im Geiste der vorliegenden Erklärung zu bestimmen und zu gestalten, wie er es wünscht. Sie sind der Auffassung, daß ihre Grenzen, in Übereinstimmung mit dem Völkerrecht, durch friedliche Mittel und durch Vereinbarung verändert werden können. Sie haben ebenfalls das Recht, internationalen Organisationen anzugehören oder nicht anzugehören, Vertragspartei bilateraler oder multilateraler Verträge zu sein oder nicht zu sein, einschließlich des Rechtes, Vertragspartei eines Bündnisses zu sein oder nicht zu sein; desgleichen haben sie das Recht auf Neutralität.

II. Enthaltung von der Androhung oder Anwendung von Gewalt

Die Teilnehmerstaaten werden sich in ihren gegenseitigen Beziehungen sowie in ihren internationalen Beziehungen im allgemeinen der Androhung oder Anwendung von Gewalt, die gegen die territoriale Integrität oder politische Unabhängigkeit irgendeines Staates gerichtet oder auf irgendeine andere Weise mit den Zielen der Vereinten Nationen und mit der vorliegenden Erklärung unvereinbar ist, enthalten. Die Geltendmachung von Erwägungen zur Rechtfertigung eines gegen dieses Prinzip verstoßenden Rückgriffs auf die Androhung oder Anwendung von Gewalt ist unzulässig.

Die Teilnehmerstaaten werden sich dementsprechend jeglicher Handlung enthalten, die eine Gewaltandrohung oder eine direkte oder indirekte Gewaltanwendung gegen einen anderen Teilnehmerstaat darstellt. Sie werden sich gleichermaßen jeglicher Gewaltmanifestation, die den Zweck hat, einen anderen Teilnehmerstaat zum Verzicht auf

die volle Ausübung seiner souveränen Rechte zu bewegen, enthalten.
Sie werden sich ebenso in ihren gegenseitigen Beziehungen jeglicher
gewaltsamen Repressalie enthalten.
Keine solche Androhung oder Anwendung von Gewalt wird als Mittel
zur Regelung von Streitfällen oder von Fragen, die zu Streitfällen zwischen ihnen führen können, verwendet werden.

III. Unverletzlichkeit der Grenzen

Die Teilnehmerstaaten betrachten gegenseitig alle ihre Grenzen sowie
die Grenzen aller Staaten in Europa als unverletzlich und werden deshalb jetzt und in der Zukunft keinen Anschlag auf diese Grenzen verüben.
Dementsprechend werden sie sich auch jeglicher Forderung oder
Handlung enthalten, sich eines Teiles oder des gesamten Territoriums
irgendeines Teilnehmerstaates zu bemächtigen.

IV. Territoriale Integrität der Staaten

Die Teilnehmerstaaten werden die territoriale Integrität eines jeden
Teilnehmerstaates achten.
Dementsprechend werden sie sich jeder mit den Zielen und Grundsätzen der Charta der Vereinten Nationen unvereinbaren Handlung gegen die territoriale Integrität, politische Unabhängigkeit oder Einheit
eines jeden Teilnehmerstaates enthalten, insbesondere jeder derartigen Handlung, die eine Androhung oder Anwendung von Gewalt darstellt.
Die Teilnehmerstaaten werden ebenso davon Abstand nehmen, das
Territorium eines jeden anderen Teilnehmerstaates zum Gegenstand
einer militärischen Besetzung oder anderer direkter oder indirekter
Gewaltmaßnahmen unter Verletzung des Völkerrechts oder zum Gegenstand der Aneignung durch solche Maßnahmen oder deren Androhung zu machen. Keine solche Besetzung oder Aneignung wird als
rechtmäßig anerkannt werden.

V. Friedliche Regelung von Streitfällen

Die Teilnehmerstaaten werden Streitfälle zwischen ihnen mit friedlichen Mitteln auf solche Weise regeln, daß der internationale Frieden und die internationale Sicherheit sowie die Gerechtigkeit nicht gefährdet werden.

Sie werden bestrebt sein, nach Treu und Glauben und im Geiste der Zusammenarbeit eine rasche und gerechte Lösung auf der Grundlage des Völkerrechts zu erreichen.

Zu diesem Zweck werden sie Mittel wie Verhandlung, Untersuchung, Vermittlung, Vergleich, Schiedsspruch, gerichtliche Regelung oder andere friedliche Mittel eigener Wahl verwenden, einschließlich jedes Streitregelungsverfahrens, auf das sich die beteiligten Parteien vor Entstehen des Streitfalles geeinigt haben.

Sollte sich durch keines der vorgenannten friedlichen Mittel eine Lösung erzielen lassen, werden die an einem Streitfall beteiligten Parteien weiterhin nach einem gegenseitig zu vereinbarenden Weg zur friedlichen Regelung des Streitfalles suchen.

Teilnehmerstaaten, die Parteien eines zwischen ihnen bestehenden Streitfalles sind sowie alle anderen Teilnehmerstaaten werden sich jeder Handlung enthalten, welche die Lage in einem solchen Maße verschärfen könnte, daß die Erhaltung des internationalen Friedens und der internationalen Sicherheit gefährdet und dadurch eine friedliche Regelung des Streitfalles erschwert wird.

VI. Nichteinmischung in innere Angelegenheiten

Die Teilnehmerstaaten werden sich ungeachtet ihrer gegenseitigen Beziehungen jeder direkten oder indirekten, individuellen oder kollektiven Einmischung in die inneren oder äußeren Angelegenheiten enthalten, die in die innerstaatliche Zuständigkeit eines anderen Teilnehmerstaates fallen.

Sie werden sich dementsprechend jeder Form der bewaffneten Intervention oder der Androhung einer solchen Intervention gegen einen anderen Teilnehmerstaat enthalten.

Sie werden sich gleichermaßen unter allen Umständen jeder militärischen wie auch politischen, wirtschaftlichen oder sonstigen Zwangsmaßnahme enthalten, die darauf gerichtet ist, ihrem eigenen Interesse die Ausübung der Rechte eines anderen Teilnehmerstaates, die dessen Souveränität innewohnen, unterzuordnen und sich damit Vorteile irgendwelcher Art zu verschaffen.

Dementsprechend werden sie sich unter anderem der direkten oder indirekten Unterstützung terroristischer Tätigkeiten oder subversiver oder anderer Tätigkeiten enthalten, die auf den gewaltsamen Umsturz des Regimes eines anderen Teilnehmerstaates gerichtet sind.

VII. Achtung der Menschenrechte und Grundfreiheiten, einschließlich der Gedanken-, Gewissens-, Religions- oder Überzeugungsfreiheit

Die Teilnehmerstaaten werden die Menschenrechte und Grundfreiheiten, einschließlich der Gedanken-, Gewissens-, Religions- oder Überzeugungsfreiheit für alle ohne Unterschied der Rasse, des Geschlechts, der Sprache oder der Religion achten.

Sie werden die wirksame Ausübung der zivilen, politischen, wirtschaftlichen, sozialen, kulturellen sowie der anderen Rechte und Freiheiten, die sich alle aus der dem Menschen innewohnenden Würde ergeben und für seine freie und volle Entfaltung wesentlich sind, fördern und ermutigen. In diesem Rahmen werden die Teilnehmerstaaten die Freiheit des Individuums anerkennen und achten, sich allein oder in Gemeinschaft mit anderen zu einer Religion oder einer Überzeugung in Übereinstimmung mit dem, was sein Gewissen ihm gebietet, zu bekennen und sie auszuüben.

Die Teilnehmerstaaten, auf deren Territorium nationale Minderheiten bestehen, werden das Recht von Personen, die zu solchen Minderheiten gehören, auf Gleichheit vor dem Gesetz achten; sie werden ihnen jede Möglichkeit für den tatsächlichen Genuß der Menschenrechte und Grundfreiheiten gewähren und werden auf diese Weise ihre berechtigten Interessen in diesem Bereich schützen.

Die Teilnehmerstaaten anerkennen die universelle Bedeutung der Menschenrechte und Grundfreiheiten, deren Achtung ein wesentlicher Faktor für den Frieden, die Gerechtigkeit und das Wohlergehen ist, die ihrerseits erforderlich sind, um die Entwicklung freundschaftlicher Beziehungen und der Zusammenarbeit zwischen ihnen sowie zwischen allen Staaten zu gewährleisten.

Sie werden diese Rechte und Freiheiten in ihren gegenseitigen Beziehungen stets achten und sich einzeln und gemeinsam, auch in Zusammenarbeit mit den Vereinten Nationen, bemühen, die universelle und wirksame Achtung dieser Rechte und Freiheiten zu fördern.

Sie bestätigen das Recht des Individuums, seine Rechte und Pflichten auf diesem Gebiet zu kennen und auszuüben.

Auf dem Gebiet der Menschenrechte und Grundfreiheiten werden die Teilnehmerstaaten in Übereinstimmung mit den Zielen und Grundsätzen der Charta der Vereinten Nationen und mit der Allgemeinen Erklärung der Menschenrechte handeln. Sie werden ferner ihre Verpflichtungen erfüllen, wie diese festgelegt sind in den internationalen Erklärungen und Abkommen auf diesem Gebiet, soweit sie an sie gebunden sind, darunter auch in den Internationalen Konventionen über die Menschenrechte.

VIII. Gleichberechtigung und Selbstbestimmung der Völker

Die Teilnehmerstaaten werden die Gleichberechtigung der Völker und ihr Selbstbestimmungsrecht achten, indem sie jederzeit in Übereinstimmung mit den Zielen und Grundsätzen der Charta der Vereinten Nationen und den einschlägigen Normen des Völkerrechts handeln, einschließlich jener, die sich auf die territoriale Integrität der Staaten beziehen.

Kraft des Prinzips der Gleichberechtigung und des Selbstbestimmungsrechts der Völker haben alle Völker jederzeit das Recht, in voller Freiheit, wann und wie sie es wünschen, ihren inneren und äußeren politischen Status ohne äußere Einmischung zu bestimmen und ihre politische, wirtschaftliche, soziale und kulturelle Entwicklung nach eigenen Wünschen zu verfolgen.

Die Teilnehmerstaaten bekräftigen die universelle Bedeutung der Achtung und der wirksamen Ausübung der Gleichberechtigung und des Selbstbestimmungsrechts der Völker für die Entwicklung freundschaftlicher Beziehungen zwischen ihnen sowie zwischen allen Staaten; sie erinnern auch an die Bedeutung der Beseitigung jeglicher Form der Verletzung dieses Prinzips.

IX. Zusammenarbeit zwischen den Staaten

Die Teilnehmerstaaten werden ihre Zusammenarbeit miteinander und mit allen Staaten in allen Bereichen gemäß den Zielen und Grundsätzen der Charta der Vereinten Nationen entwickeln. Bei der Entwicklung ihrer Zusammenarbeit werden die Teilnehmerstaaten besonderes Gewicht auf die Bereiche legen, so wie sie im Rahmen der Konferenz über Sicherheit und Zusammenarbeit in Europa festgelegt sind, wobei jeder von ihnen seinen Beitrag unter Bedingungen voller Gleichheit leistet.

Sie werden sich bei der Entwicklung ihrer Zusammenarbeit als Gleiche bemühen, gegenseitiges Verständnis und Vertrauen, freundschaftliche und gutnachbarliche Beziehungen untereinander, internationalen Frieden, internationale Sicherheit und Gerechtigkeit zu fördern. Sie werden sich gleichermaßen bemühen, bei der Entwicklung ihrer Zusammenarbeit das Wohlergehen der Völker zu verbessern und zur Erfüllung ihrer Wünsche beizutragen, unter anderm durch die Vorteile, die sich aus größerer gegenseitiger Kenntnis sowie dem Fortschritt und den Leistungen im wirtschaftlichen, wissenschaftlichen, technischen, sozialen, kulturellen und humanitären Bereich ergeben. Sie werden Schritte zur Förderung von Bedingungen unternehmen, die den Zugang aller zu diesen Vorteilen begünstigen; sie werden das Interesse aller berücksichtigen, insbesondere das Interesse der Entwicklungsländer in der ganzen Welt, Unterschiede im Stand der wirtschaftlichen Entwicklung zu verringern.

Sie bestätigen, daß Regierungen, Institutionen, Organisationen und Personen eine relevante und positive Rolle zukommt, zur Erreichung dieser Ziele ihrer Zusammenarbeit beizutragen.

Sie werden bei der Verstärkung ihrer Zusammenarbeit wie oben dargelegt, danach streben, engere Beziehungen untereinander auf einer verbesserten und dauerhafteren Grundlage zum Nutzen der Völker zu entwickeln.

X. Erfüllung völkerrechtlicher Verpflichtungen nach Treu und Glauben

Die Teilnehmerstaaten werden ihre völkerrechtlichen Verpflichtungen nach Treu und Glauben erfüllen, und zwar jene Verpflichtungen, die sich aus den allgemein anerkannten Grundsätzen und Regeln des Völkerrechts ergeben, wie auch jene Verpflichtungen, die sich aus mit dem Völkerrecht übereinstimmenden Verträgen oder sonstigen Abkommen, deren Vertragspartei sie sind, ergeben.

Bei der Ausübung ihrer souveränen Rechte, einschließlich des Rechtes, ihre Gesetze und Verordnungen zu bestimmen, werden sie ihren rechtlichen Verpflichtungen aus dem Völkerrecht entsprechen; sie werden ferner die Bestimmungen der Schlußakte der Konferenz über Sicherheit und Zusammenarbeit in Europa gebührend berücksichtigen und durchführen.

Die Teilnehmerstaaten bestätigen, daß im Falle eines Widerspruchs zwischen den Verpflichtungen der Mitglieder der Vereinten Nationen aus der Charta der Vereinten Nationen und ihren Verpflichtungen aus irgendeinem Vertrag oder sonstigen internationalen Abkommen ihre Verpflichtungen aus der Charta der Vereinten Nationen gemäß ihrem Artikel 103 Vorrang haben.

Alle die vorstehend aufgeführten Prinzipien sind von grundlegender Bedeutung und werden folglich gleichermaßen und vorbehaltlos angewendet, wobei ein jedes von ihnen unter Beachtung der anderen ausgelegt wird.

Die Teilnehmerstaaten erklären ihre Entschlossenheit, diese Prinzipien, so wie sie in der vorliegenden Erklärung gelegt sind, voll in allen Aspekten in ihren gegenseitigen Beziehungen und ihrer Zusammenarbeit zu achten und anzuwenden, um jedem Teilnehmerstaat die Vorteile zu sichern, die sich aus der Achtung und der Anwendung dieser Prinzipien durch alle ergeben.

Indem die Teilnehmerstaaten die vorstehenden Prinzipien gebührend berücksichtigen, insbesondere den ersten Satz des zehnten Prinzips, »Erfüllung völkerrechtlicher Verpflichtungen nach Treu und Glauben«, stellen sie fest, daß die vorliegende Erklärung weder ihre Rechte und Verpflichtungen noch die diesbezüglichen Verträge und Abkommen und Abmachungen berührt. Die Teilnehmerstaaten geben der Überzeugung Ausdruck, daß die Achtung dieser Prinzipien die Entwicklung normaler und freundschaftlicher Beziehungen und den Fortschritt der Zusammenarbeit zwischen ihnen auf allen Gebieten fördern wird. Ferner geben sie der Überzeugung Ausdruck, daß die Achtung dieser Prinzipen die Entwicklung politischer Kontakte zwischen ihnen begünstigen wird, die ihrerseits zum besseren Verständnis ihrer Standpunkte und Auffassungen beitragen würde.

Die Teilnehmerstaaten erklären ihre Absicht, ihre Beziehungen zu allen anderen Staaten im Geiste der in dieser Erklärung enthaltenen Prinzipien zu gestalten.

Die KSZE-Themenfülle (und das damit verbundene Kooperationspotential) läßt sich einer vom Autor aufgeschlüsselten, im Text des Dokuments selbst nicht enthaltenen *Gliederung der Schlußakte* entnehmen:

Präambel

Korb I

Fragen der Sicherheit in Europa

1. a) Erklärung über die Prinzipien, die die Beziehungen der Teilnehmerstaaten leiten

Souveräne Gleichheit, Achtung der der Souveränität innewohnenden Rechte

Enthaltung von der Androhung oder Anwendung von Gewalt

Unverletzlichkeit der Grenzen

Territoriale Integrität der Staaten

Friedliche Regelung von Streitfällen

Nichteinmischung in innere Angelegenheiten

Achtung der Menschenrechte und Grundfreiheiten, einschließlich der Gedanken-, Gewissens-, Religions- oder Überzeugungsfreiheit

Gleichberechtigung und Selbstbestimmungsrecht der Völker

Zusammenarbeit zwischen den Staaten

Erfüllung völkerrechtlicher Verpflichtungen nach Treu und Glauben

1. b) Fragen der Verwirklichung einiger der vorstehenden Prinzipien

2. Dokument über vertrauensbildende Maßnahmen und bestimmte Aspekte der Sicherheit und Abrüstung

Vorherige Ankündigung von größeren militärischen Manövern

Fragen im Zusammenhang mit der Abrüstung

Allgemeine Erwägungen

Korb II
Zusammenarbeit in den Bereichen der Wirtschaft, der Wissenschaft und der Technik sowie der Umwelt
1. Handel
2. Industrielle Kooperation und Projekte gemeinsamen Interesses
3. Bestimmungen, die Handel und industrielle Kooperation betreffen
4. Wissenschaft und Technik
5. Umwelt
6. Zusammenarbeit auf anderen Gebieten
   Entwicklung des Verkehrswesens
   Förderung des Tourismus
   Wirtschaftliche und soziale Aspekte der Wanderarbeit
   Ausbildung von Fachkräften
   Fragen der Sicherheit und Zusammenarbeit im Mittelmeerraum

Korb III
Zusammenarbeit in humanitären und anderen Bereichen
1. Menschliche Kontakte
   Kontakte und regelmäßige Begegnungen auf der Grundlage familiärer Bindungen
   Familienzusammenführung
   Eheschließung zwischen Bürgern verschiedener Staaten
   Reisen aus persönlichen oder beruflichen Gründen
   Verbesserungen der Bedingungen für den Tourismus auf individueller oder kollektiver Grundlage
   Begegnungen der Jugend
   Sport
   Erweiterung der Kontakte
2. Information
   Verbesserung der Verbreitung von, des Zugangs zu und des Austausches von Information
   Zusammenarbeit im Bereich der Information
   Verbesserung der Arbeitsbedingungen für Journalisten
3. Zusammenarbeit und Austausch im Bereich der Kultur
4. Zusammenarbeit und Austausch im Bereich der Bildung
   Ausbau der Beziehungen
   Zugang und Austausch
   Wissenschaft
   Fremde Sprachen und Zivilisationen
   Unterrichtsmethoden
   Folgen der Konferenz
   Schlußbestimmungen

Der KSZE-Prozeß
1976–1986

Auf der Grundlage der Schlußakte von Helsinki haben die 35 seither ihre Verpflichtungen in weiteren KSZE-Veranstaltungen, vor allem den drei Folgetreffen in Belgrad (1977/78), Madrid (1980/83) und schließlich Wien (1986/89), in einer Fülle von Bereichen ergänzt, präzisiert und verfeinert. Gleichzeitig sind und waren die Teilnehmerstaaten (TNS) aufgefordert, die KSZE-Dokumente tatsächlich anzuwenden und zu beachten. Hier hat es jedoch seit 1975 eine lange Reihe von empfindlichen Rückschlägen gegeben. Die Menschenrechte sind in einigen Staaten des Warschauer Pakts immer wieder grob verletzt worden; hervorzuheben sind darüber hinaus der Einzug sowjetischer Truppen in Afghanistan Ende 1979 und die Verhängung des Kriegsrechts in Polen im Dezember 1981. Das Madrider Folgetreffen wurde von der Entwicklung in Polen unmittelbar betroffen, da sich einige westliche Staaten, darunter die USA, fragten, ob es angesichts dieser gravierenden Mißachtung der KSZE-Prinzipien überhaupt noch sinnvoll sein könne, den KSZE-Prozeß fortzuführen. Diese Auffassung teilten andere westliche Partner, insbesondere die Bundesrepublik Deutschland, nicht. Als Ausweg aus diesem Meinungsunterschied wurde die Lösung gefunden, das Madrider KSZE-Treffen im März 1982 für ein knappes halbes Jahr zu unterbrechen, aber an der grundsätzlichen Fortsetzung des KSZE-Prozesses festzuhalten. Im Rückblick läßt sich sagen, daß diese Entscheidung richtig war; denn die KSZE hat sich als Forum des Dialogs – einschließlich der offenen Kontroverse über die Implementierungsdefizite – und als Instrument des Ausbaus der Verpflichtungen auf dem Gebiet der Menschenrechte und in einer Fülle von alten wie neu hinzugekommenen Kooperationsfeldern bewährt. Dies belegen die seit Madrid stattgefundenen Expertentreffen zu den Menschenrechten in Ottawa im Frühjahr 1985 und zu den Menschlichen Kontakten in Bern im Frühjahr 1986, das Budapester Kulturforum im Herbst 1985 (erstmalig unter Beteiligung von Künstlern und Kulturschaffenden als nicht weisungsgebundene Mitglieder der Regierungsdelegationen). Zudem hat der mit der Schlußakte von Helsinki begonnene Prozeß der Vertrauensbildung im Bereich der militärischen Sicherheit durch die Verabschiedung des Madrider Mandats und die darauf basierende

31

Konferenz über Vertrauens- und Sicherheitsbildende Maßnahmen und Abrüstung in Europa (KVAE), die im September 1986 mit dem Stockholmer Dokument erfolgreich endete, große Fortschritte gemacht, insbesondere mit dem prinzipiellen Durchbruch zur Vereinbarung von Vorortinspektionen, die der sowjetische Außenminister Gromyko noch wenige Jahre vorher als »legalisierte Spionage« wirsch zurückgewiesen hatte. Diese zentrale Innovation von Stockholm wurde umgehend auch im Abrüstungsprozeß zwischen den USA und der Sowjetunion übernommen, zuerst im INF-Vertrag vom Dezember 1987.

KSZE-Chronik im Telegrammstil:

1966
5. Juli   »Bukarester Erklärung« des Politischen Beratenden Ausschusses des Warschauer Paktes; Vorschlag der Einberufung einer »Konferenz über Fragen der Europäischen Sicherheit«

1967
13. /14. Dez.   NATO-Minister in Brüssel definieren die beiden Hauptaufgaben des Bündnisses: »Verteidigung und Entspannung« (Harmel-Bericht)

1969
17. März   »Budapester Appell« des Politischen Beratenden Ausschusses des WP zur Einberufung einer »Gesamteuropäischen Konferenz«.

10. /11. April   NATO-Minister in Washington erklären sich bereit, mit den osteuropäischen Staaten Themen für nützliche Verhandlungen zu erörtern. Alle Regierungen mit politischer Verantwortung in Europa müßten teilnehmen.

1970
26. /27. Mai   NATO-Minister in Rom erklären Bereitschaft zu multilateralen Vorgesprächen, sofern Fortschritte in Gesprächen der Bundesrepublik Deutschland und der DDR, der Sowjetunion und Polen, den Viermächtegesprächen bezüglich Berlins und SALT erzielt werden, MBFR-Erklärung.

22. Juni	Budapester Erklärung der Außenminister des WP mit Zustimmung zur Teilnahme auch der Vereinigten Staaten und Kanadas; besonderes Gremium sollte Reduzierung fremder Truppen in Europa behandeln.
12. August	Unterzeichnung des Moskauer Vertrages Bundesrepublik Deutschland – Sowjetunion
7. Dez.	Unterzeichnung des Warschauer Vertrages der Bundesrepublik Deutschland mit Polen

1971

1. März	Erstes Treffen des »Unterausschusses KSZE« des Politischen Komitees im Rahmen der Europäischen Politischen Zusammenarbeit der Staaten der Europäischen Gemeinschaft in Paris
3. Sept.	Unterzeichnung des Viermächte-Abkommens über Berlin
9./10. Dez.	NATO-Minister in Brüssel erklären Bereitschaft zu multilateralen KSZE-Verhandlungen im Falle des Abschlusses des Berlin-Abkommens

1972

26. Jan.	Politischer Beratender Ausschuß gibt »Prager Erklärung« über Europa ab, in der sieben Grundprinzipien zwischenstaatlicher Beziehungen definiert werden.
26. Mai	1. SALT-Abkommen USA/SU
30./31. Mai	NATO-Minister in Bonn stellen befriedigt bevorstehende Unterzeichnung des VM-Berlin-Abkommens fest und stimmen multilateraler KSZE-Vorbereitung zu. Gleichzeitig sollen exploratorische MBFR-Gespräche beginnen.
2. Juni	Ratifizierung des Moskauer Abkommens
3. Juni	Unterzeichnung des Schlußprotokolls des Viermächte-Abkommens vom 3. September 1971
6. Nov.	Paraphierung des Grundvertrages der Bundesrepublik Deutschland mit der DDR in Bonn
22. Nov.	Beginn der multilateralen KSZE-Vorbereitung in Helsinki; Delegationsleiter: die in Helsinki akkreditierten Missionschefs; Ausarbeitung der Verfahrensregeln, Tagesordnung und Mandate für Kommissionen und Unterkommissionen

1973

8. Juni	Ende der multilateralen KSZE-Vorbereitung
3. bis 7. Juli	KSZE-wird durch die Außenminister der 35 europäischen und nordamerikanischen Länder (ohne Albanien) eingeleitet. Verabschiedung der »Helsinki-Schlußempfehlungen«
18. Sept.	Beginn der Kommissionsphase der KSZE in Genf; Ausarbeitung der Schlußakte

1975

21. Juli	Ende der Kommissionsphase
30. Juli bis 1. Aug.	Schlußphase der KSZE in Helsinki auf »höchster politischer Ebene«. 35 Staats-, Regierungs- bzw. Parteichefs unterzeichnen die Schlußakte.

1977

15. Juni bis 5. Aug.	Vorbereitungstreffen für das Belgrader KSZE-Folgetreffen
4. Oktober	Beginn des Belgrader KSZE-Folgetreffens

1978

9. März	Beendigung des Belgrader KSZE-Folgetreffens mit einem Abschließenden Dokument
20. Juni bis 28. Juli	Vorbereitungstreffen für das »Wissenschaftliche Forum« der KSZE in Bonn
31. Oktober bis 11. Dez.	KSZE-Expertentreffen über friedliche Streitschlichtung in Montreux

1979

13. Februar bis 26. März	KSZE-Expertentreffen über wirtschaftliche, wissenschaftliche und kulturelle Zusammenarbeit im Mittelmeerraum in Valletta

1980

18. Februar bis 23. März	»Wissenschaftliches Forum« der KSZE in Hamburg
9. Sept. bis 10. November	Vorbereitungstreffen für das Madrider KSZE-Folgetreffen
11. Nov.	Beginn des Madrider KSZE-Folgetreffens

1982

9. bis 12. Februar	Verurteilung der Verhängung des Kriegsrechts in Polen durch westliche Außenminister auf dem Madrider KSZE-Folgetreffen
12. März	Vertagung des Treffens bis zum 9. November 1982
9. November	Wiederaufnahme des Madrider Treffens

1983

6. Sept.	Annahme des »Abschließenden Dokuments« des Madrider KSZE-Folgetreffens durch die Delegationen der 35 Teilnehmerstaaten
7. bis 9. Sept.	Schlußveranstaltung des Folgetreffens in Madrid unter Teilnahme fast aller Außenminister der 35 Teilnehmerstaaten
25. Okt. bis 11. Nov.	Vorbereitungstreffen der KVAE in Helsinki

1984

17. Januar	Eröffnung der KVAE in Stockkolm auf der Ebene der Außenminister der Teilnehmerstaaten
17. Jan. bis 16. März	Erste Verhandlungsrunde der KVAE
21. März bis 30. April	KSZE-Expertentreffen über Friedliche Streitschlichtung in Athen
8. Mai bis 6. Juli	Zweite Verhandlungsrunde der KVAE
11. Sept. bis 12. Okt.	Dritte Verhandlungsperiode der KVAE
16. bis 26. Oktober	KSZE-Seminar über wirtschaftliche, wissenschaftliche und kulturelle Zusammenarbeit im Mittelmeerraum in Venedig
6. Nov. bis 14. Dez.	Vierte Verhandlungsperiode der KVAE
21. Nov. bis 4. Dez.	Vorbereitungstreffen für das »Kulturforum« 1985 in Budapest

1985

Fortsetzung der KVAE in Stockholm

23. April	Beginn des Vorbereitungstreffens für das KSZE-Expertentreffen über Menschenrechte und Grundfreiheiten in Ottawa (Dauer zwei Wochen)

35

7. Mai	Beginn des Expertentreffens in Ottawa (Dauer sechs Wochen)
1. August	Treffen zum 10. Jahrestag der Unterzeichnung der Schlußakte der KSZE in Helsinki unter Teilnahme fast aller Außenminister der Teilnehmerstaaten
15. Oktober	Beginn des »Kulturforums« in Budapest (Dauer sechs Wochen)

1986
Fortsetzung der KVAE in Stockholm

2. April	Vorbereitende Konsultationen zum Expertentreffen über Menschliche Kontakte in Bern.
15. April	Beginn des Expertentreffens für Menschliche Kontakte in Bern (Dauer sechs Wochen).
22. Sept.	Abschluß der KVAE mit Annahme des Stockholmer Dokuments.

Im Schlußdokument des Madrider Folgetreffens vom 6. September 1983 wurden auch Ort und Zeitpunkt für das nächste Folgetreffen bestimmt. Österreich hatte sich mit Erfolg beworben; das dritte Folgetreffen sollte am 4. November 1986 in Wien beginnen. Diesem Haupttreffen wurde ein Vorbereitungstreffen zur Ausarbeitung der Tagesordnung vorgeschaltet; es fand ebenfalls in Wien vom 23. September bis 6. Oktober 1986 statt.

Das Vorbereitungstreffen in Wien (23. 9.– 6. 10. 1986)
Tagesordnung für das Haupttreffen

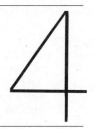

Dieses Treffen, lediglich auf 14 Tage bemessen, diente der Anpassung der üblichen Tagesordnung (TO) für ein Folgetreffen an neue Entwicklungen. Die TNS erwarteten kaum Änderungen im Vergleich zur TO des Madrider Treffens. Aber in einigen langfristig nicht unwichtigen Fragen vermochte die westliche Seite Neuerungen gegen den anfänglichen, letztlich aber nicht nachhaltigen Widerstand der östlichen TNS durchzusetzen. Dies war um so eher möglich, als die Gruppe der sog. NuN-Staaten, das sind die Neutralen und Ungebundenen, die westlichen Ziele unterstützten. So gelang es u. a., die Zahl der öffentlich zugänglichen Plenarsitzungen erheblich zu erhöhen, längere Sitzungszeiten zu vereinbaren, für die Implementierungsdebatte des Haupttreffens eine ebenfalls längere, mehrmonatige Dauer zu erreichen und schließlich zu gewährleisten, daß die für den Westen essentielle Komponente der Menschlichen Dimension – Achtung der Menschenrechte in Verbindung mit humanitärer Kooperation – in der Tagesordnung denselben Rang wie das militärische Element der KSZE behielt.

Tagesordnung des Wiener Treffens

(Auszug aus dem Schlußdokument des Vorbereitungstreffens vom 6. 10. 1986):
1. Offizielle Eröffnung des Treffens;
   Ansprache eines Vertreters des Gastgeberlandes;
   Ansprache des Generalsekretärs der Vereinten Nationen oder seines Vertreters.
2. Eröffnungserklärungen der Vertreter der Teilnehmerstaaten.
3. Beiträge:
   a) der Wirtschaftskommission der Vereinten Nationen für Europa (ECE) und der UNESCO;
   b) der nichtteilnehmenden Mittelmeerstaaten.
4. Ergebnisse der Stockholmer Konferenz über Vertrauens- und Sicherheitsbildende Maßnahmen und Abrüstung in Europa,

37

des Treffens von Experten in Athen, um die Prüfung und Ausarbeitung einer allgemein annehmbaren Methode der friedlichen Regelung von Streitfällen mit dem Ziel fortzuführen, bestehende Methoden zu ergänzen,

des Seminars von Venedig über wirtschaftliche, wissenschaftliche und kulturelle Zusammenarbeit im Mittelmeerraum,

des Expertentreffens von Ottawa zu Fragen betreffend die Achtung der Menschenrechte und Grundfreiheiten in ihren Staaten in all ihren Aspekten, wie in der Schlußakte festgelegt,

des Budapester »Kulturforums«,

des Berner Expertentreffens über Menschliche Kontakte,

die in Übereinstimmung mit den einschlägigen Bestimmungen der Schlußakte und des Abschließenden Dokuments von Madrid abgehalten wurden.

5. Ein vertiefter Meinungsaustausch sowohl über die Durchführung der Bestimmungen der Schlußakte und des Abschließenden Dokuments von Madrid und die Ausführung der von der Konferenz definierten Aufgaben, als auch, im Zusammenhang mit den von ihr behandelten Fragen, über die Vertiefung ihrer gegenseitigen Beziehungen, die Verbesserung der Sicherheit und die Entwicklung der Zusammenarbeit in Europa und die Entwicklung des Entspannungsprozesses in der Zukunft. Prüfung von Vorschlägen betreffend die obigen Fragen.

6. Fragen der Sicherheit und Zusammenarbeit im Mittelmeerraum werden in Übereinstimmung mit den einschlägigen Bestimmungen in der Schlußakte und im Abschließenden Dokument von Madrid im Plenum und dem subsidiären Arbeitsorgan M im Zusammenhang mit Punkt 5 der Tagesordnung erörtert.

7. Festlegung der geeigneten Modalitäten für die Abhaltung weiterer Zusammenkünfte in Übereinstimmung mit allen Bestimmungen des Kapitels der Schlußakte betreffend die Folgen der Konferenz, einschließlich der Bestimmung von Zeitpunkt und Ort des nächsten dem gegenwärtigen ähnlichen Treffens.

8. Redaktion eines abschließenden Dokuments, das Beschlüsse bezüglich der oben erwähnten Punkte der Tagesordnung enthalten wird.

9. Annahme des abschließenden Dokuments.

10. Schlußerklärungen der Vertreter der Teilnehmerstaaten.

11. Offizieller Abschluß des Treffens.

In der Tagesordnung wurde auch das Zieldatum für den Abschluß des Haupttreffens festgelegt: der 31. Juli 1987. Mit diesem Zieldatum wurde aber keine verbindliche Beendigung, kein »cut-off date«, wie es im KSZE-Jargon heißt, fixiert. Allerdings war es die Einschätzung aller KSZE-Teilnehmer, daß neun Monate für den erfolgreichen Abschluß des Folgetreffens ausreichen sollten. Diese Erwartung gründete sich vornehmlich auf die günstige Entwicklung der West-Ost-Beziehungen. So hatte die Stockholmer KVAE am 22. September 1986 erfolgreich abgeschlossen. Auch im Dialog der Supermächte hatte es einen vielversprechenden Neuauftakt gegeben: das Gipfeltreffen zwischen Reagan und Gorbatschow am 11./12. Oktober in Reykjavik. Darüber hinaus begann die Atmosphäre von »Glasnost« und »Perestrojka«, aus Moskau kommend, in andere, wenn auch noch nicht in alle Staaten des Warschauer Pakts einzudringen und allmählich auf das gesamte West-Ost-Umfeld spürbar auszustrahlen.

Auf das dritte KSZE-Folgetreffen, fortan »Wiener Treffen« genannt, haben zweifellos positive Entwicklungen im West-Ost-Verhältnis Einfluß genommen. Jedoch verlief das eigentliche KSZE-Konferenzgeschehen so eigenständig, ja so eigenwillig, daß sich von außen kommende Impulse keineswegs zügig oder gar automatisch in schnelle Verhandlungsfortschritte umsetzen lassen konnten.

An dieser Stelle soll einem Überblick der formelle Ablauf des Wiener Treffens entnommen werden können, der allerdings mit der Substanz und dem Tempo der KSZE-Verhandlungen nichts zu tun hat. Lediglich die sogenannte »technische Unterbrechung« im August 1988 ist der politischen Initiative der Außenminister Frankreichs und der Bundesrepublik Deutschland zuzuschreiben, angesichts der greifbaren Abschlußchance dem Wiener Treffen durch eine allzu lange Sommerpause nicht den Elan für den möglichen Endspurt zu nehmen. (Die Initiative von Dumas und Genscher konnte die praktische Bremswirkung der noch zu schildernden innerwestlichen Divergenzen nur geringfügig mildern, trug aber immerhin zur Intensivierung der Redaktionsarbeiten bei.)

Verlauf des Wiener Treffens

1. Session (1.–7. Woche): 4. 11.–19. 12. 1986
Eröffnung durch Außenminister der 35 Teilnehmerstaaten:
4.–7. 11. 1986
Weihnachtspause 1986-7: 20. 12. 1986–26. 1. 1987
2. Session (8.–18. Woche): 27. 1.–10. 4. 1987
Osterpause 1987: 11. 4.–4. 5. 1987
3. Session (19.–31. Woche): 5. 5.–31. 7. 1987
Sommerpause 1987: 1. 8.–21. 9. 1987
4. Session (32.–44. Woche): 22. 9.–18. 12. 1987
Weihnachtspause 1987/88: 19. 12. 1987–21. 1. 1988
5. Session (45.–54. Woche): 22. 1.–25. 3. 1988
Osterpause 1988: 26. 3.–10. 4. 1988

6. Session (55. –92. Woche): 11. 4. 1988–19. 1. 1989
13. 5. 1988 WT 137: Entwurf des Schlußdokuments durch NuN
Technische Unterbrechung im Sommer: 8.–28. 8. 1988
3. 1. 1989 WT 137 rev. (durch NuN)
Schlußphase Wiener Treffen ohne Weihnachtspause (88.–91. Woche):
19. 12. 1988–14. 1. 1989
15. 1. 1989 = Annahme des Abschluß-Dokuments
Schlußtreffen der Außenminister der 35 Teilnehmerstaaten:
17.–19. 1. 1989

Eröffnung des Wiener Treffens durch die Außenminister der 35 Teilnehmerstaaten

Bei der KSZE ist es zu besonderen Anlässen eine gute Übung, die Konferenzen zu 35 auf politischer Ebene, meist durch die Außenminister, zu eröffnen oder zu beschließen. Solche Zusammenkünfte auf hohem Niveau werden nicht zu Unrecht als eigentlich immer nützlich angesehen. Warum? – In schlechten Zeiten bieten diese protokollarisch unkomplizierten Begegnungen Gelegenheit zum diskreten Dialog zwischen interessierten Staaten, aber auch zu gemeinsamen öffentlichen Bekundungen aller 35, ihre Beziehungen zu verbessern oder zumindest zu normalisieren. In guten Phasen des West-Ost-Verhältnisses unterstreichen Minister gern, daß die Beziehungen gut sind, und verfolgen ebenfalls in einer Fülle von Einzelbegegnungen mit ihren Kollegen Themen oft rein bilateralen Zuschnitts, die durchaus nicht irgend etwas mit der KSZE als solcher oder den West-Ost-Beziehungen zu tun haben müssen. Ähnlich wie bei den alljährlichen Generalversammlungen der Vereinten Nationen in New York sind auch die KSZE-Zusammenkünfte der Außenminister intensiv ausgeprägte Arbeitstreffen. Vom Standpunkt der Effizienz ist dies begrüßenswert.

Dies gilt auch für die Eröffnung des Wiener Treffens, wo die Träger großer Namen – George Shultz, Eduard Schewardnadse, Sir Geoffrey Howe, Hans-Dietrich Genscher u.v.m. – nicht nur ihre offiziellen Erklärungen im Plenum der 35 abgaben, sondern gleichzeitig im Nonstop-Tempo – angefangen mit »Arbeitsfrühstücken« bis zu späten Nachtsitzungen – ihre bilateralen Begegnungen absolvierten.

Die Erklärungen selbst zeigten bemerkenswerte Übereinstimmungen. Österreichs Bundeskanzler Vranitzky hatte als Regierungschef des gastgebenden Landes das erste Wort; seine grundsätzlich positive Bewertung der bisherigen Entwicklung des KSZE-Prozesses wurde von den folgenden Rednern weitestgehend geteilt. Alle Sprecher aus West und Ost, aber auch aus den anderen NuN-Staaten folgten Vranitzky auch in der Würdigung der KSZE als zentrales Forum für die multilaterale West-Ost-Kooperation. Eine Reihe von kleineren und mittleren Staaten fügte zudem ihre Erwartung hinzu, daß dank der KSZE das West-Ost-Verhältnis nicht nur auf die Beziehungen der beiden »Supermächte« und auf die Abrüstungsthematik verengt sein werde. Sie machten ihr Recht auf Mitsprache und Mitbestimmung bei allen europäischen Themen, die ihre Interessen, zuallererst ihre Sicherheit, unmittelbar betreffen, mit Nachdruck deutlich. Schon Bundeskanzler Vranitzky hatte jedoch auch nicht verschwiegen, wo es bei der KSZE – übrigens seit ihrem Anbeginn – noch im argen liege, nämlich bei der Beachtung der Menschenrechte. Hier monierte der österreichische Regierungschef die noch immer gravierenden Mängel in der Erfüllung der KSZE-Menschenrechtsverpflichtungen und verzichtete auf die einem KSZE-Gastgeber gewöhnlich auferlegte Zurückhaltung. Österreich hat im Verlaufe des Wiener Treffens sich niemals gescheut, Menschenrechtsverletzungen beim Namen zu nennen. Dies wurde auch von den meisten angegriffenen Staaten des Warschauer Paktes respektiert und hat die immens wichtige Vermittlungstätigkeit der österreichischen Delegation bei der Aushandlung des Wiener Schlußdokuments nicht beeinträchtigt.

Im Westen waren es vor allem die Minister der drei anglo-amerikanischen Staaten – USA, Kanada und Großbritannien -, die konkrete Fälle der Mißachtung der Menschenrechte zur Sprache brachten und die dafür verantwortlichen Regierungen explizit um Aufklärung baten und Abhilfe der festgestellten Mißstände forderten. Die östlichen Delegationen reagierten darauf keineswegs defensiv, sondern beschwerten sich ihrerseits über die ihrer Auffassung nach unzulängliche Verwirklichung des sog. Korbes II der Schlußakte, in dem die Kooperation im Bereich der Wirtschaft, der Industrie, der Wissenschaft und Technologie, des Umweltschutzes u. a. festgeschrieben ist.

Die Außenminister gingen in ihren Erklärungen jedoch erfreulicherweise über reine Zustandsbeschreibungen hinaus und legten eine kaum überschaubare Fülle von Vorschlägen zur Weiterentwicklung des KSZE-Prozesses vor. Diese Vorschläge zu allen KSZE-Gebieten haben die Leitmotive für den Gang des Wiener Treffens geliefert. Bis zu dem Tag des Wiener Treffens, als das Abschließende Wiener Dokument im Konsens der 35 Delegationen angenommen wurde, bis zum 15. Januar 1989, haben diese Vorschläge der Minister auf dem Verhandlungstisch gelegen. Manche Vorschläge waren vom Augenblick ihrer Einbringung an heftig umstritten. Dies gilt vor allem für den Vorschlag des sowjetischen Außenministers Schewardnadse, eine Konferenz über die Menschliche Dimension nach Moskau einzuberufen. Auch der Vorschlag der Bundesrepublik Deutschland, den Außenminister Genscher einführte, eine West-Ost-Wirtschaftskonferenz im KSZE-Rahmen auf deutschem Boden zu veranstalten, traf keineswegs nur auf Zustimmung. Ausgerechnet westliche Partner, an erster Stelle die USA, sträubten sich gegen diesen Vorschlag, den Bundeskanzler Kohl bereits im Mai 1986 auf einer der KSZE gewidmeten Tagung der Internationalen Parlamentarischen Union (IPU) in Bonn gemacht hatte.

Darüber hinaus haben die Minister auch Vorschläge zu Themen unterbreitet, die bisher im KSZE-Prozeß eher vernachlässigt worden waren, aber entsprechend ihres aktuellen globalen Bedeutungszuwachses inzwischen auch für die KSZE zunehmend Gewicht erhielten, z. B. zum Terrorismus und, weit nachhaltiger als je zuvor, zum Umweltschutz. Schließlich gab es eine Reihe von Konferenzvorschlägen zu den verschiedenen KSZE-Themen, wobei der jeweils vorschlagende Minister in der Regel sein eigenes Land als Gastgeber empfahl. Einer jeden Delegation war damit vorgegeben, sich vordringlich für das mit dem Prestige »ihres« Ministers verbundene Konferenzprojekt bis zum letzten Tag des Wiener Treffens einzusetzen.

Insgesamt waren die vier Eröffnungstage des Wiener Treffens im glanzvollen Rahmen der Hofburg, die manchen Minister zur Erinnerung an den Wiener Kongreß bewegte, eine gelungene und harmonische Ouvertüre, vielleicht weil in der Höhenluft der politischen Spitzen allgemeine Absichtserklärungen mit allzu auslegungsfähigen Worten Gegensätze eher zu dämpfen und Gemeinsamkeiten eher hervorzuheben geeignet sind.

Bis zum Abschluß des Wiener Treffens haben immer wieder Außenminister Wien besucht und im Plenum der 35 Erklärungen abgegeben. So kamen regelmäßig die Außenminister des Warschauer Pakts in die österreichische Hauptstadt, um über die Ergebnisse von Tagungen der WP-Außenminister oder -Regierungschefs zu berichten. Auch jene Außenminister, die die Präsidentschaft der EG für ein halbes Jahr innehatten, traten in Wien auf oder entsandten Vertreter; Bundesaußenminister Genscher schickte zweimal Staatsminister Schäfer nach Wien. Aus England kam Staatsminister Mellor aus dem Foreign Office und unterstrich nachdrücklich die These: »CSCE is about people.« Auf subtile Weise beeindruckte einmal Frankreichs Außenminister Jean-Bernard Raimond, der, Berufsdiplomat und vorher Botschafter seines Landes in Moskau, seine Ernennung der »Cohabitation« von Mitterrand und Chirac verdankte, seine Zuhörer im KSZE-Plenum mit einem Poem der großen russischen Dichterin Anna Achmatowa:

»Ich ließ mich nicht von meiner Heimat scheiden,
Floh in die Fremde nicht vor der Gefahr.
Ich blieb bei meinem Volk in seinem Leiden,
Blieb, wo mein Volk zu seinem Unglück war.«

Die Klage der Dichterin dürfe sich nie wieder in Europa erheben, so die Worte des französischen Ministers. Raimond hatte diese Zeilen mit Bedacht gewählt; denn das Gedicht, das die Achmatowa irgendwann in den Jahren 1935 und 1943 geschrieben hatte, war in der Sowjetunion bis mindestens 1982 verboten.

Prozeduren
und Verhandlungsforen

Geschäftsordnungsfragen sind Machtfragen.

Ferdinand Lassalle

Nachdem die Außenminister der KSZE vier Tage das Scheinwerferlicht der Öffentlichkeit verschafft hatten, traten nun die einzelnen Verhandlungsdelegationen aus dem Schatten heraus, um ihre tägliche Kleinarbeit zu beginnen, allerdings nur noch selten vom Interesse der Medien begleitet.
Den Delegationen der 35 stellten sich nunmehr die folgenden von der Tagesordnung vorgeschriebenen Hauptaufgaben:
– der Meinungsaustausch über die Erfüllung der bisherigen KSZE-Vereinbarungen, die sog.»Implementierungsdebatte«;
– die Einbringung von den KSZE-Prozeß weiterführenden Vorschlägen, die sog.»Vorschlagsphase«; und
– die Ausarbeitung des Abschließenden Dokuments, die sog.»Redaktionsphase«.
Bei ihrer Arbeit konnten sich die 35 einer in der internationalen Konferenzpraxis unvergleichlich flexiblen und einfachen Verfahrensordnung bedienen, die seit der Ausarbeitung der Schlußakte von Helsinki KSZE-Verhandlungen bestimmt. Es handelt sich um die sog. Helsinki-Empfehlungen vom 8. Juni 1973, die alle KSZE-Themen, dieTeilnahmebedingungen und im letzten Abschnitt (Ziffer 64–88) die Verfahrensregeln umreißt. Aus den 25 Bestimmungen dieser Verfahrensregeln sind wiederum nur einige wenige für den normalen KSZE-Konferenzverlauf praktisch bedeutsam und sollen daher angeführt werden:
  – Alle TNS beteiligen sich an der Konferenz als souveräne und unabhängige Staaten und unter Bedingungen voller Gleichheit. Die Konferenz findet außerhalb der militärischen Bündnisse statt.
  – Die Beschlüsse der Konferenz werden durch Konsens gefaßt. Konsens ist gegeben, wenn kein Vertreter einen Einwand erhebt und diesen als Hindernis für die anstehende Beschlußfassung qualifiziert.

44

- Der Vorsitzende von Plenarsitzungen oder subsidiären Arbeitsorganen wechselt täglich; sie werden in der Reihenfolge des französischen Alphabets, ausgehend von einem durch Los ermittelten Buchstaben, bestimmt.
- Der Exekutivsekretär für technische Angelegenheiten ist für jede KSZE-Veranstaltung ein Staatsangehöriger des jeweiligen Gastlandes. Er wird vom Gastgeberland vorbehaltlich der Zustimmung seitens der TNS bestimmt.
- Anträge zur Sache werden dem Vorsitzenden schriftlich übergeben und an alle Teilnehmer verteilt. Angenommene Anträge werden vom Exekutivsekretär registriert und an die Teilnehmer verteilt.
- Die Arbeitssprachen der Konferenz und ihrer Arbeitsorgane sind Deutsch, Englisch, Französisch, Italienisch, Russisch und Spanisch.
- Die Teilnehmer beschließen durch Konsens, ob bestimmte Konferenzdokumente veröffentlicht werden sollen.
- Während der Behandlung einer Frage kann ein Vertreter das Wort zur Geschäftsordnung verlangen. Der Vorsitzende erteilt es ihm unverzüglich. Ein Vertreter, der zur Geschäftsordnung spricht, darf in der zur Diskussion stehenden Frage nicht zur Sache sprechen.
- Während der Sitzungen führt der Vorsitzende eine Rednerliste; er kann diese mit Zustimmung der Teilnehmer für geschlossen erklären. Er hat jedoch jedem Vertreter das Recht auf Erwiderung einzuräumen, falls nach Abschluß dieser Liste gemachte Ausführungen dies als wünschenswert erscheinen lassen.
- Die vorliegenden Verfahrensregeln werden durch Konsens angenommen. Nach ihrer Annahme können sie nur durch Konsens geändert werden.

Auch KSZE-Konferenzen verursachen selbstverständlich Kosten; im Vergleich etwa zu dem Finanzaufwand der Vereinten Nationen ist die KSZE dank vieler pragmatischer Regelungen (kein institutionalisiertes ständiges Sekretariat und in der Regel geringer Personalbedarf bei einzelnen Zusammenkünften, Veröffentlichung von nur wenigen Dokumenten, keine Protokollführung über die Erklärungen in den Sitzungen) ein für die Steuerzahler in den Teilnehmerstaaten akzeptable Belastung. Die TNS haben in den Verfahrensregeln die Kosten der Konferenz aufgeteilt, deren Anteile nach der wirtschaftlichen Leistungsfähigkeit und Größe der einzelnen Staaten differenziert sind:

KSZE-Kostenschlüssel

Bundesrepublik Deutschland	8,80 %
Frankreich	8,80 %
Italien	8,80 %
Union der Sozialistischen Sowjetrepubliken	8,80 %
Vereinigtes Königreich	8,80 %
Vereinigte Staaten von Amerika	8,80 %
Kanada	5,52 %
Belgien	3,48 %
Deutsche Demokratische Republik	3,48 %
Niederlande	3,48 %
Polen	3,48 %
Schweden	3,48 %
Spanien	3,48 %
Dänemark	2,00 %
Finnland	2,00 %
Norwegen	2,00 %
Österreich	2,00 %
Schweiz	2,00 %
Tschechoslowakei	2,00 %
Ungarn	2,00 %
Griechenland	0,80 %
Jugoslawien	0,80 %
Rumänien	0,80 %
Türkei	0,80 %
Bulgarien	0,60 %
Irland	0,60 %
Luxemburg	0,60 %
Portugal	0,60 %
Heiliger Stuhl	0,20 %
Island	0,20 %
Liechtenstein	0,20 %
Malta	0,20 %
San Marino	0,20 %
Zypern	0,20 %
	100,00 %

Grundregel des KSZE-Prozesses für Sachfragen ebenso wie für Prozedurfragen ist das Konsensprinzip, Ausdruck der souveränen Gleichheit aller 35 TNS. Auf der Grundlage der wenigen Verfahrensregeln können die 35 durch Konsens je nach Bedarf diese Regeln ergänzen oder in bestimmten Fällen – ohne Präzedenzwirkung – flexibel modifizieren. In der Praxis kann ein Vorsitzender in seinen Entscheidungen durch die anderen Sitzungsteilnehmer nicht »überstimmt« werden, da die Delegation, der er angehört, den Konsens jederzeit verhindern kann. Daher können Entscheidungen des Vorsitzenden nur durch Anträge zur Geschäftsordnung gestört oder zeitweise aufgehalten werden. Berühmt-berüchtigtes Beispiel dafür ist die Geschäftsordnungsdebatte im Februar 1982 auf dem Madrider KSZE-Folgetreffen, als der damalige Plenarvorsitzende, der polnische Delegationsleiter Konarski, ein knappes Dutzend westlicher Außenminister an der Abgabe ihrer kritischen Erklärungen zur Verhängung des Kriegsrechts in Polen hindern wollte, da nach seiner Auffassung die Sitzungsdauer bereits überschritten und die Rednerliste erschöpft war. Konarski setzte sich zwar durch, und die meisten Minister kamen erst am nächsten Tag zu Wort, aber der mißbräuchliche Einsatz von Prozedurregeln hatte für die WP-Staaten zweifellos nachteilige Wirkungen in der Öffentlichkeit und in den internationalen Medien.

An der KSZE nehmen zwar 35 Staaten teil, doch in der täglichen Konferenzarbeit ergibt sich ein anderes, differenzierteres Bild. Für die westliche Gruppe gilt die mit herkömmlicher Arithmetik nicht erklärbare Gleichung 12 + 16 = 17. Das erklärt sich damit, daß zu den 17 westlichen KSZE-Teilnehmern die 16 Mitgliedstaaten der NATO (Bundesrepublik Deutschland, Frankreich, Island, Italien, das Vereinigte Königreich, die USA, Kanada, Belgien, die Niederlande, Spanien, Dänemark, Norwegen, Griechenland, Türkei, Luxemburg und Portugal) sowie Irland gehören, das als einziger EG-Mitgliedstaat nicht dem westlichen Verteidigungsbündnis angehört. Diese Tatsache machte innerhalb des westlichen Kreises einen aufwendigen Abstimmungsprozeß erforderlich: zunächst wurden Sachfragen stets im Kreis der Zwölf, die im Rahmen der Europäischen Politischen Zusammenarbeit (EPZ) zusammenwirken, auf der Ebene der Delegationsleiter und in Expertengruppen für die verschiedenen KSZE-Körbe diskutiert, danach wurde die Abstimmung im Kreis der Sechzehn durchgeführt, wobei der jeweilige Präsident der Zwölf (Vorsitzwechsel jedes Halbjahr) die Position der Zwölf einzubringen hatte. Wurde im Kreis der Sechzehn eine von Beschlüssen der Zwölf substantiell abweichende Entscheidung getroffen, konnte sich die jeweilige EG-Präsidentschaft nur vorbehaltlich der noch einzuholenden Zustimmung Irlands dem Konsens der Sechzehn anschließen. Für die Zwölf wie für die Sechzehn galt und gilt ebenfalls, daß Majorisierungen nicht stattfinden, sondern erst die Zustimmung aller Partner zu

47

Beschlüssen führen kann. Praktisch hatte dieses Abstimmungsverfahren zur Folge, daß wöchentlich in der Regel mindestens je zwei Sitzungen der Delegationsleiter der Zwölf ebenso wie der Sechzehn anberaumt waren und zusätzlich auch die Experten der Zwölf und Sechzehn für die jeweiligen KSZE-Sachgebiete sich mindestens zweimal in der Woche trafen und die Sprecher der Expertengruppen in den Sitzungen der Delegationsleiter zur Berichterstattung teilzunehmen hatten. Die Experten suchten nach Möglichkeit, es zu vermeiden, ihre Streitfragen auf die Ebene der Delegationsleiter zu bringen; während der deutschen Präsidentschaft im Korb III kam dies innerhalb der Zwölf kein einziges Mal vor. Die Behandlung von technischen Expertenproblemen durch die Delegationsleiter erforderte von den Experten, ihre Chefs im Detail und mit den nötigen Argumenten zu den verschiedenen Positionen gut zu wappnen. Oft war zu bemerken, daß etwa in den westlichen Gruppen einige Delegationsleiter nicht umfassend genug durch ihre Mitarbeiter präpariert (»gebrieft«) worden waren. Viele westliche Delegationen sahen daher die Notwendigkeit, täglich – vor den Sitzungen in westlichen Gruppen und den darauf folgenden Sitzungen im Kreise der 35 – interne Delegationssitzungen in früher Morgenstunde abzuhalten, weil sonst der Delegationsleiter kaum mehr imstande gewesen wäre, die Verhandlungsmaterie in allen Körben zu überschauen und zu steuern.

Einfacher verhielt es sich – jedenfalls prozedural – mit der Gruppe der sieben Mitgliedstaaten des Warschauer Pakts (Sowjetunion, Polen, Ungarn, DDR, Rumänien, Bulgarien, Tschechoslowakei). In Sachfragen dagegen entwickelte sich während des Wiener Treffens eine erstaunliche Vielfalt innerhalb des Warschauer Paktes, so daß im Ergebnis die interne Koordinierung der Sieben oft mehr Zeit in Anspruch nahm (auch wegen des Erfordernisses von Weisungen aus den Hauptstädten von den zuständigen Ministerien) als die westliche Meinungsbildung.

Die Gruppe der NuN, insgesamt neun Mitglieder, setzte sich ebenfalls differenziert zusammen: Schweiz und Österreich werden als lupenreine «westliche» Neutrale angesehen, Schweden ebenfalls als westlich orientiert, Finnland eher auch östlichen Anliegen gegenüber aufgeschlossen, Liechtenstein als vehementer Verfechter westlicher Positionen. Bei den Ungebundenen wurden Jugoslawien und Zypern eher als Anhänger des Ostens eingestuft, Malta (in Madrid noch besonders eigenwillig) vertrat in Wien eine maßvolle Linie der Mitte. Der Vatikan schloß sich in der Regel Gesamtbeschlüssen der NuN an, war aber in Fragen der Menschenrechte und vor allem der Religionsfreiheit ein artikulierter Fürsprecher westlicher Ideen. San Marino und Monaco beteiligten sich nicht an der täglichen Konferenzarbeit, sondern waren meistens nur zu wichtigen Daten beim Wiener Treffen vertreten, etwa zur Eröffnung oder zum Abschlußtreffen auf Ministerebene.

Daraus ergab sich, daß an den eigentlichen Verhandlungen nicht alle 35 gleichzeitig und mit demselben Engagement teilnahmen. Vielmehr erlaubte die Gruppenbildung, daß sich etwa kleinere westliche Delegationen, die nicht in alle Sitzungen Vertreter entsenden konnten, grundsätzlich durch die jeweiligen Gruppensprecher repräsentieren ließen und ihnen die »treuhänderische Wahrnehmung« ihrer nationalen Sonderinteressen sowohl gegenüber den NuN als auch gegenüber den WP-Staaten übertrugen. Schon sehr bald stellte sich heraus, wer als Gruppensprecher Sachkompetenz, Vertrauenswürdigkeit und Verhandlungsgeschick zu verbinden vermochte. Die persönlichen Kontakte zwischen einzelnen Delegierten vertieften sich im Laufe der über zwei Jahre dauernden Wiener Verhandlungen. Es kam so weit, daß Delegierte, die in demselben Sachgebiet tätig waren, sich mit ihren Kollegen aus anderen Delegationen gut verstanden und schließlich auch anfreundeten, dagegen mit Kollegen aus ihrer eigenen Delegation kaum – außerhalb der täglichen Delegationssitzung – zusammentrafen, geschweige denn persönlich miteinander verkehrten. Lediglich im Rahmen offizieller Sitzungen des Plenums (zunächst zweimal wöchentlich, später nur noch einmal) und der subsidiären Arbeitsorgane (ein bis zweimal wöchentlich) wurde die Fiktion der Teilnahme aller aufrechterhalten; selbstverständlich wurden formelle Beschlüsse zum Verfahren und zur Sache, insbesondere die Annahme des Abschließenden Dokuments von Wien, im Plenum gefaßt. Wirksam die Arbeit vorangetrieben haben dagegen vor allem informelle Zusammenkünfte, sowohl auf der Ebene der Delegationsleiter als auch auf der Expertenebene. Hier war es die für die informelle Kommunikation förderliche KSZE-übliche Regelung, als Arbeitssprache und als Redaktionssprache allein Englisch zu gebrauchen. Über 90 Prozent der Verhandlungsmaterie haben die Experten der 35 unter sich und oft in kleineren Kreisen (z. B. sog.»Kontaktgruppen«) ausgehandelt und dies selbstverständlich nur in ständiger Rückkopplung mit ihren eigenen Delegationsleitern und den jeweiligen Entscheidungsgremien der verschiedenen Gruppen auf der Ebene der Delegationsleiter tun können. (Beim Westen bürgerte sich der Sprachgebrauch »Heads' Caucus« für die Sitzung der NATO-Delegationsleiter ein.)

Nicht zu übersehen und zu unterschätzen war die regelmäßig notwendige Abstimmung einzelner nationaler Positionen mit den Weisungsgebern in den Hauptstädten. Jede Delegation kam zweifellos mit einer Reihe von allgemeinen Richtlinien für die Verhandlungsarbeit und auch mit konkreten Instruktionen für die Unterstützung oder Ablehnung bestimmter Vorschläge nach Wien. Vor Beginn des Wiener Treffens fanden zudem in den westlichen Gremien (EPZ und NATO) mehrere, bis in die Einzelheiten gemeinsam einzubringender Vorschläge gehende Konsultationen statt. Dies wurde für die gesamte Dauer des Wiener Treffens fortgeführt. Darüber hinaus mußte aber jede Delegation kontinuierlich über den Konferenzstand berichten und oft sehr kurzfristig um Weisung für laufende Verhandlungen bitten. Verschlüsselte Drahtberichte per Telex, Fernkopien und Telefonate waren die täglichen, unentbehrlichen Hilfsmittel für die zügige Kommunikation zwischen Wien und den Zentralen. Während das federführende Ressort innerhalb der Regierung das Außenministerium ist, war jedoch eine Reihe anderer Ministerien oft, wenn nicht sogar meistens, in der Sache selbst zuständig. Daher gehörte es zur regelmäßigen Berichterstattung, auch diese Ministerien – u. a. solche für Verteidigung, Inneres, Wirtschaft, Gesundheit, Justiz – einzubeziehen. Drahtberichte wurden zudem an die eigenen Botschaften in solchen Ländern adressiert, mit denen in den Verhandlungen konkrete Berührungspunkte oder Interessendivergenzen auftraten. In wenigen, sparsam dosierten Fällen wurde es für geeignet gehalten, bei einzelnen Partnern, auch im eigenen Kreis, zu Schlüsselfragen bilateral in den Hauptstädten zu demarchieren.

In der eigentlichen Aushandlung des Wiener Schlußdokuments während der sog. Redaktionsphase kam den aus der Gruppe der NuN gewählten Koordinatoren eine überaus bedeutsame Vermittlungsrolle zu. Sie präsidierten nicht nur den Sitzungen im formellen und informellen Rahmen, sondern versuchten vor allem hinter den Kulissen Annäherungen zwischen West und Ost zustandezubringen. Koordinatoren empfingen von beiden Seiten Textentwürfe, prüften sie auf Gemeinsamkeiten hin und versuchten dann, mit Kompromißformulierungen sie auf einen Nenner zu bringen. Dies war immer ein zäher, äußerst langwieriger Prozeß: besonders kontroverse Bestimmungen erfuhren im Laufe des Wiener Treffens über 20 verschiedene Versionen. Manche Menschenrechtstexte wurden über anderthalb Jahre in Wien strittig erörtert, ehe es kurz vor Schluß gelang, allseits akzeptable Fassungen zu finden und schließlich im Wiener Schlußdokument per Konsens der 35 anzunehmen. West und Ost verfolgten ihre ursprünglichen Positionen außerordentlich beharrlich, ja oft mit sturer Hartnäckigkeit.

In seinem schon zitierten lehrreichen Buch beobachtet Anatoli Kowaljow:

»Verhandlungen sind das feinste Gewebe der Diplomatie. Ihre Fäden ziehen sich durch die Punkte der Interessenbegegnung wie durch die Pole der Gegensätzlichkeit und rufen eine äußerlich kaum merkbare Zirkulation der Ströme zwischen den Gesprächspartnern und im Grunde zwischen den Staaten hervor.«

Später fährt er fort:

»Während der Verhandlungen vollzieht sich ein pausenloser Prozeß des Abtastens der Positionen der Teilnehmer. Welcher Art sind die vom Partner noch nicht aufgedeckten Möglichkeiten und wie lassen sie sich mit den eigenen, noch nicht genutzten, und dem einen oder den verschiedenen Partnern noch unbekannten Reserven vereinbaren? Das ist zu bedenken, wenn man zu Beginn, wenn auch nur angenähert und punktiert, den Rahmen der wahrscheinlichen Übereinkunft absteckt. Wenn es aber eine Fehleinschätzung wird? Wenn man dabei irgendeinen vertraulichen Teil der Positionen seiner Regierung verfrüht offenbart und die andere Seite nicht in gleicher Weise erwidert? ›Was vom Wagen fiel, ist fort.‹ Eine einmal ausgesprochene Andeutung wird als ein bereits gemachtes Zugeständnis aufgefaßt.

Aus diesem Grund geht das gegenseitige Sondieren von Absichten und Positionen zwischen den Teilnehmern von Verhandlungen mit großer Vorsicht, allmählich und vielstufig vor sich. Nicht umsonst sagt man, daß der Verhandelnde die Geduld des Uhrmachers besitzen und die Filigranarbeit des Juweliers leisten muß.«

Schließlich gibt der russische Diplomat einen Satz des späteren französischen Außenministers Jean-Bernard Raimond wieder, der meinte: »Verhandlungen, das ist eine statische Untersuchung, die zu keiner Veränderung führt. Daher wird die Bewegung schon der kleinsten Staubteilchen zu etwas Ergreifendem.«

Bestimmte östliche Delegierte führten sehr geschickt monatelange »Abwehrschlachten« gegen Neuverpflichtungen auf dem Gebiet der Menschenrechte, indem sie immer wieder absolut unannehmbare Gegenformulierungen bei den Koordinatoren oder auch direkt gegenüber ihren westlichen Verhandlungspartnern einführten, um die Substanz der ursprünglichen Vorschläge zu verwässern oder gar durch einschränkende Klauseln praktisch ins glatte Gegenteil zu verkehren. Spiegelgefechte waren ebenso an der Tagesordnung wie »Theaterdonner« längst vergangener Zeiten, wenn etwa ein auch noch in Wien aktiver sowjetischer KSZE-Veteran in »Vor-Glasnost-Manier«, mit bitterböser Miene und barscher Stimme, einen westlichen Vorschlag entschieden mit den Worten zurückwies, damit versuche die NATO das kommunistische System subversiv zu untergraben. Derselbe Delegierte brachte es am nächsten Tag bereits fertig, ohne mit den Wimpern zu zucken, denselben westlichen Vorschlag lediglich unter Hinzufügung eines rein »kosmetischen«, die Substanz in keiner Weise beeinträchtigenden Zusatzes zu akzeptieren.

Die Protagonisten 7

Von Anfang an schälten sich in allen Gruppen Persönlichkeiten heraus, die bei internen Abstimmungen oder auch in gruppenübergreifenden Gesprächsrunden oder Verhandlungszirkeln dank ihrer Erfahrung, ihrer Sachkunde oder ihres Talents, allen Seiten angemessen gerecht werdende Kompromisse auszuarbeiten, den Ton angaben und – unabhängig von formeller Ernennung als Gruppensprecher – natürliche Führungsrollen beanspruchen konnten. Dabei war keineswegs erheblich, ob es sich um einen Delegationsleiter oder nur um einen weit rangniedrigeren »einfachen Experten« handelte. Auch die Zugehörigkeit zur Delegation eines »großen« Teilnehmerstaats wie z. B. die USA oder die Sowjetunion war nicht ausschlaggebend. Die wirklichen Wiener Protagonisten blieben bis zum Konferenzschluß in ihrer Zahl überraschend begrenzt, sieht man davon ab, daß es bei den NuN die Koordinatoren, im Warschauer Pakt wöchentlich rotierende Sprecher und innerhalb der westlichen Foren es ebenfalls Wochensprecher (bei der NATO) gab, in der EG sogar die für ein halbes Jahr lang zuständige Präsidentschaft bei den Delegationsleitern und in den Expertengruppen (Juli – Dezember 1986: Vereinigtes Königreich; Januar – Juni 1987: Belgien; Juli – Dezember 1987: Dänemark; Januar – Juni 1988: Bundesrepublik Deutschland; Juli – Dezember 1988: Griechenland; Januar – Juni 1989: Spanien).

Unter den Koordinatoren der NuN ragte zweifellos der österreichische Delegationsleiter Botschafter Rudolf Torovsky hervor; er war nicht nur für die Redaktion des Prinzipienteils des Schlußdokuments zuständig, sondern nahm eine noch wichtigere Funktion für die Beschleunigung der Verhandlungen insgesamt wahr. Seine unermüdliche informelle Vermittlungstätigkeit unter gelegentlichem Einsatz des Renommees, das Österreich als Gastgeber der Konferenz genoß, und mit der Lenkung gezielter Interventionen des österreichischen Vizekanzlers und Außenministers Mock in das Konferenzgeschehen hat entscheidend den Weg zu den zuletzt notwendigen Kompromissen und damit zum erfolgreichen Abschluß des Wiener Treffens frei gemacht. Torovsky und seine Delegation ließen sich durch ihre traditionelle Mittlerrolle aber nicht davon abhalten, im Namen ihrer Regierung während der Implementierungsdebatte krasse Fälle der Mißachtung der Menschenrechte in einigen Staaten des Warschauer Pakts, insbesondere in Rumänien und in der Tschechoslowakei, deutlich und unter Verzicht auf diplomatische Verklausulierungen anzuprangern.

Ein weiterer Koordinator mit bleibenden Verdiensten ist der schwedische Delegierte Nils Eliasson, der für den Korb III zuständig war. In keinem KSZE-Sachgebiet war der Verhandlungsstoff so umfangreich und zugleich so kontrovers. Nachdem die Delegationen Österreichs und der Schweiz Ende Juli 1987 ein Non-Paper in die Konferenz einführten, das weitestgehend westliche Vorschläge und Gedanken zur substantiellen Weiterentwicklung des Korbes III enthielt (die österreichische Delegierte Ursula Plassnik und ihr Schweizer Kollege Gérard Stoudmann hatten das Non-Paper, das erste Vermittlungspapier des Wiener Treffens mit hohem Standard, noch ausgearbeitet, ehe sie Wien vor der Sommerpause 1987 versetzungsbedingt verlassen mußten), verhandelte das subsidiäre Arbeitsorgan H auf der Grundlage des österreichisch-schweizerischen Non-Papers den Korb III-Teil des Wiener Schlußdokuments vom September 1986 bis in die ersten Januartage des Jahres 1989, unmittelbar vor der endgültigen Annahme des Wiener Schlußdokuments am 15. Januar 1989. Eliasson agierte unverdrossen als »Go-between« zwischen West und Ost, legte immer wieder Kompromißformulierungen für die über 70 Bestimmungen des Korbes III (mit vier Abschnitten: Menschliche Kontakte, Information, Kultur, Bildung) vor und faßte zwischendurch wiederholt die Verhandlungsfortschritte zu den vier Abschnitten in separaten Non-Papers zusammen, ohne je das substantielle Niveau der anfangs in die Konferenz eingeführten westlichen Vorschläge und des Non-Papers von Österreich und der Schweiz zu unterschreiten. Ohne die Leistung von Eliasson, der nicht zuletzt auch den schwedischen Gleichklang mit dem westlichen Verständnis der Menschenrechte nachdrücklich zur Geltung brachte, ist die Qualität des erreichten Ergebnis im Korb III nicht vorstellbar.

Eliasson erhielt jedoch Hilfe durch ein in Wien einmaliges Verhandlungsgremium. Ende Juni 1988 entstand eine informelle Gruppe, der die beiden sowjetischen Delegierten Gennadij Jefstafjew und Wladimir Morosow, die Ungarin Zsuzsa Hargitai, der österreichische Korb III-Experte Alfons Kloss, der Brite Philip Hurr und der für die EG sprechende bundesdeutsche Vertreter (= der Autor dieser Zeilen) zusammen mit dem Koordinator angehörten. Dieses Gremium spielte bis Ende 1988 eine für die Konsensbildung im Korb III entscheidende Rolle; es traf sich bis zu dreimal wöchentlich zu ausgedehnten Sitzungen und konnte die meisten, nämlich über zwei Dutzend, kontroversen Bestimmungen aushandeln. Dies geschah in offener, vertraulicher und ungewöhnlich kooperativer Weise, die einem gemeinsamen, kreativen

»brain-storming« sehr nahe kam. Der direkte Kontakt – ohne die übliche Pendlerfunktion des Koordinators zwischen den Gruppen – erwies sich als zeitsparend und vermied Mißverständnisse bei der Übermittlung der verschiedenen Verhandlungspositionen. Schwierig war dagegen das oft mühsame Durchsetzen der in diesem Gremium gefundenen Kompromißformeln in den jeweiligen Gesamtforen von West und Ost. Offensichtlich waren einige Delegierte – auf westlicher wie auf östlicher Seite – persönlich davon enttäuscht, dieser Gruppe nicht angehören zu können, und versuchten wiederholt vergeblich, in das Gremium aufgenommen zu werden. Doch alle seine Mitglieder waren sich darin einig, daß eine Erweiterung Vertraulichkeit und Verhandlungsfähigkeit empfindlich beeinträchtigt hätte.

Die Hervorhebung einiger Hauptakteure soll nicht das Wirken der anderen Koordinatoren schmälern; denn alle widmeten sich ihren Aufgaben mit großem Engagement. Jederzeit waren sie gesprächsbereit; oft mußten sie telefonische Kontakte schon um sechs Uhr früh aufnehmen und konnten ihr Tagwerk selten vor dem späten Abend abschließen. Auch die Wochenenden waren entgegen sonstigen diplomatischen Gepflogenheiten für informelle Konferenzarbeit – zum Bedauern der Familien der Delegierten – nicht tabu.

Bedeutende Konferenzrollen spielten in der NuN-Gruppe der schweizerische Delegationsleiter Botschafter Blaise Schenk, der nationale Interessen seines Landes ebenso wie westliche Werte besonders unbeirrt, bis hart an die Grenze der Kompromißlosigkeit verfocht, und der agile, initiativreiche schwedische Delegationsleiter Botschafter Curt Lidgard, der immer wieder West und Ost zum zügigen Verhandeln antrieb und in seinem gastfreien Haus häufig die Dickköpfe aus allen Lagern zu sachlich ergiebigen Begegnungen zusammenführte.

Die einzige Delegierte Zyperns, Frau Thalia Petrides, hatte ein immenses Arbeitspensum zu bewältigen, brachte aber die zypriotischen Anliegen unüberhörbar in die Konferenz ein und machte es ihren Kollegen in der NuN-Gruppe zweifellos nie einfach. Da sie mehrere Male zu Konsultationen nach Nikosia zurückkehren mußte, war es den NuN in ihrer Abwesenheit nicht möglich, gemeinsam erarbeitete Vermittlungspapiere zu verabschieden und im Kreis der 35 einzuführen. Auf die Weise gelang es Frau Petrides – gewiß ohne bösen Willen – eine Konferenz von 35 Staaten mehrfach um eine oder zwei Wochen zu verzögern.

Auf keiner KSZE-Veranstaltung zuvor haben sich die einzelnen Delegationen der Warschauer Pakt-Staaten so deutlich voneinander abgehoben und so selbständig gehandelt wie in Wien. Das persönliche Auftreten einiger Delegationsmitglieder hat den Eindruck der Vielfalt und Eigenständigkeit in der Gruppe der sieben östlichen Staaten noch verstärkt.

Eine dominierende, aber die anderen östlichen Delegationen nicht mehr wie bei früheren KSZE-Treffen durch Ausübung von Druck führende Delegation war die sowjetische unter der Leitung von Botschafter Jurij Kaschlew, einem umgänglichen, hochgebildeten Mann, offen und warmherzig, zweifellos ein gutes Beispiel für die neue Diplomatengeneration der Glasnost-Phase. So reagierte er auf die wiederholt von der bundesdeutschen Delegation in Erinnerung gerufene Frage der deutschen Einheit stets gutmütig und gelassen mit dem folgenden Zweizeiler aus der »Fledermaus« von Johann Strauss:

»Glücklich ist, wer vergißt,
Was nicht mehr zu ändern ist.«

Der umfangreichen Delegation Kaschlews gehörten mehrere profilierte Mitarbeiter an, die in den einzelnen KSZE-Körben offensichtlich weiten Spielraum für eigene Entscheidungen besaßen: im Korb I der KSZE-erfahrene Diplomat Victor Schikalov, ein lange vehement am alten Menschenrechtskonzept des orthodoxen Kommunismus festhaltender Verhandler, der ebenfalls multilateral langjährig tätige General Tatarnikov und im Korb III der mit VN-Expertise wohlgewappnete, flexible und hochintelligente Delegierte Gennadij Jefstafjew.

Der bereits von Madrid her bekannte polnische Delegationsleiter Wlodimierz Konarski imponierte auch in Wien mit intellektueller Brillanz und Einfallsreichtum bei der Auflösung von Verhandlungsknoten. Ungarns Delegationsleiter Botschafter André Erdös, zusammen mit seinen engen Mitarbeitern (an erster Stelle István Gyarmati), verschaffte seinem Land unverhältnismäßig großen Konferenzeinfluß, indem seine Delegation mit präzisen Erklärungen zur Sache und weiterführenden, auf Konsens angelegten Konferenzvorschlägen die Meinungsführerschaft im Warschauer Pakt maßgeblich mitbestimmte.

Die DDR hatte eine professionell gut besetzte Delegation nach Wien entsandt, geleitet von Botschafter Peter Steglich, dem als Stellvertreter, ebenfalls im Botschafterrang, Dr. Hans Voss zur Seite stand. Beide Botschafter vertraten die Standpunkte der DDR sachlich, ruhig und ohne Polemik. Oft mußten sie auf herbe Implementierungskritik reagieren und taten dies stets mit Gelassenheit, ohne ausfallend zu werden. Im persönlichen Kontakt aufgeschlossen, genossen diese Vertreter der DDR (auch der Korb III-Delegierte Professor Dr. Werner Hänisch) auf dem Wiener Treffen hohen Respekt und haben ihre Regierung gut vertreten.

In den 17 Delegationen des Westens haben sich ebenfalls eine Reihe Delegationsleiter nachhaltig profiliert; dasselbe gilt auch für mehrere Experten in den verschiedenen KSZE-»Körben«, die ihre tägliche Detailarbeit weitgehend selbständig durchführten.

Die Delegation der USA leitete Botschafter Warren Zimmermann; ihm waren als Stellvertreter im Botschafterrang Robert Frowick für Militärfragen und Samuel Wise für die Themen Menschenrechte und Korb III zugeordnet. In der umfangreichen Delegation vertrat Botschafter Wise, ein KSZE-Profi seit vielen Jahren, die KSZE-Kommission des amerikanischen Kongresses und brachte deren oft stark innenpolitisch motivierte Petita wirkungsvoll – nicht immer zur Freude westlicher Partner – zur Geltung. Botschafter Warren Zimmermann zählte zweifellos kraft seiner Persönlichkeit und seiner langjährigen Ost-Erfahrung (u. a. in Moskau) sowie seines KSZE-Hintergrundes zu den führenden Köpfen des Wiener Treffens. Seine Reden, zumal wenn es um die Kritik an menschenrechtlichen Mißständen ging, waren stets pointiert und rhetorisch effektvoll, ohne auf Polemik angewiesen zu sein. Mit seiner Kontaktfähigkeit, bei der ihm ein jungenhafter Charme gut stand, und mit Verhandlungskompetenz trug er zur Kohärenz westlicher Positionen und ihrer Durchsetzung im Kreis der 35 nachhaltig bei. Jedoch hatte es Botschafter Zimmermann mit den vielen »Köchen«, die von Washington her dem KSZE-Menü ihre eigenen scharfen Gewürze beimengen wollten, nicht leicht. Für andere westliche Delegationen, die von ihrem Regierungssystem her an eine klare Trennung von Exekutive und Legislative gewohnt sind, war ein mühseliger Lernprozeß bis zum Schluß des Wiener Treffens nötig, um die oft rational nicht nachvollziehbare und erratische Einflußnahme von Kongreßabgeordneten auf das tägliche Verhandlungsgeschehen in Wien einordnen zu können und darauf zu reagieren. Von Zimmermann weiß man, daß er gegenüber den vielen Herren, denen er zu dienen hatte, die einzelnen Anliegen westeuropäischer Partner mit Solidarität und Nachdruck zur Sprache brachte. Sam Wise seinerseits – oft nicht unbedingt eng mit Zimmermann abgestimmt – verfolgte umsichtig die Interessen der KSZE-Kommission und gehörte zweifellos ebenfalls zu den konferenzbeherrschenden Figuren.

Frankreichs Delegation, zunächst geleitet von Botschafter Renard, danach bis zum Konferenzende durch den KSZE-erfahrenen Botschafter Gilles Curien, ergriff in Wien selten eine öffentlich sichtbare Führungsrolle im Kreis der 17 westlichen Partner, verschloß sich aber im eigentlichen KSZE-Rahmen niemals gesamtwestlichem Vorgehen (anderes gilt für die eigenwillige Rolle Frankreichs bei den Mandatsgesprächen der 23 – siehe gesondertes Kapitel dazu). Curien verkörperte – vielleicht als einziger Delegationsleiter – das Erscheinungsbild des klassischen Diplomaten, bereichert um spezifisch französische Akzente wie etwa Eleganz, Ironie und Anspruch auf kartesianische Logik und Klarheit. – Im Korb III unterstützte der französische Delegierte mit besonderem Engagement die Anliegen des bundesdeutschen Partners. Deutsch-französische Zusammenarbeit dokumentierte sich, zum Unverständnis der östlichen Teilnehmer, auch darin, daß ein junger französischer Diplomat, Christian Connan, der für ein Jahr im Bonner Auswärtigen Amt arbeitete, im Frühjahr 1987 eine Woche lang als Mitglied der deutschen Delegation in Sitzungen der für den Korb III zuständigen Redaktionsgruppe aktiv mitarbeitete (Bundeskanzler Kohl und Präsident Mitterand hatten 1986 ein Diplomaten-Austauschprogramm vereinbart).

Die britische Delegation unter Leitung von Botschafter Laurence O'Keeffe hat sich für ihre professionelle Kompetenz und ihren aktiven Beitrag bei der Ausarbeitung westlicher Positionen und der zum Schlußdokument führenden Kompromißtexte die Note »Sehr gut« verdient. Vor allem der für Verfahrensfragen und Korb III zuständige KSZE-Experte, Philip Hurr, hat immer wieder innerwestlich die Arbeit »auf Touren« gebracht und in einer Fülle von informellen Kontakten mit führenden Vertretern der NuN und des Warschauer Pakts Textlösungen vorangetrieben. Dazu entstand die zusätzliche Bürde, ständig informell erzielte Kompromißtexte in westlichen Gremien rechtfertigen zu müssen. Hurr vermittelte in Wien korbübergreifend und auf allen Ebenen wirksam und brachte konkrete Verhandlungsergebnisse zustande. Da das konventionelle diplomatische Protokoll nur Delegationsleitern von Botschafterrang Schlüsselfunktionen öffentlich zuerkennen kann, verdient Philip Hurr – gemäß dem Ritus der Filmpreisverleihung in Hollywood – ausdrücklich den Oscar für die beste Nebenrolle.

Auf dem Wiener Treffen verstanden sich die Briten allgemein als »geborene Vermittler« zwischen den USA und den Westeuropäern. Da sie im Kreis der zwölf häufig erwartete US-Einwände gegen EG-Positionen »vorauseilend« zur Erwägung gaben, entstand oft zu Unrecht der Eindruck, Großbritannien schlage sich von vornherein auf die Seite der USA. Insgesamt bot die britische Position ein janusköpfiges Bild: Je nach Fall entschied sich das Doppelantlitz, ob es in die europäische oder in die amerikanische Richtung schaute. Wo immer jedoch ureigene britische Interessen nicht berührt waren, trug die britische Delegation pragmatisch und effizient zur Ausarbeitung gemeinsamer westlicher Positionen bei.

Darüber hinaus brachten der niederländische Delegationsleiter Botschafter Hans Meesman, der norwegische Delegationsleiter, in der Schlußphase des Wiener Treffens Botschafter Björn Lian, und die beiden türkischen Delegationsleiter Haluk Özgül (er verstarb wenige Monate vor Konferenzende) und Hikmet Alp die besonderen Interessen ihrer Länder nachhaltig zum Tragen. Auf die konsensfördernden Voten der Botschafter Meesman und Lian sowie des dänischen Delegationsleiters William Friis-Möller wurde im westlichen «Caucus» besonders aufmerksam gehört, da sie, pragmatisch und sachorientiert, großes Einfühlungsvermögen in die Eigengesetzlichkeit von Verhandlungsmechanismen bewiesen. Auch Italiens Delegationsleiter Vieri Traxler vertrat überzeugend italienische Interessen durch geschickt dosierte – und elegant formulierte – Interventionen; er war jederzeit bereit,

Anliegen westlicher Partner zu unterstützen, solange sie nur vernünftig und einleuchtend waren.

Eine gesonderte Würdigung muß dem kanadischen Delegationsleiter Botschafter William Bauer gelten. Bill Bauer war an rhetorischem Talent auf dem Wiener Treffen unübertroffen; niemand konnte wie er aus dem Stegreif druckreife Interventionen formulieren und auf östliche Erklärungen umgehend und zielsicher replizieren. Bauer hat sich um die Durchsetzung ehrgeiziger Menschenrechtsbestimmungen verdient gemacht und in der Implementierungsdebatte unerbittlich die für Menschenrechtsverletzungen verantwortlichen Regierungen einiger östlicher Staaten zur Rede gestellt. Seine unbedingte Grundsatztreue hat ihn allerdings bedauerlicherweise in der Redaktionsphase der Konferenz an einer flexibleren, auf die Annäherung widersprüchlicher Ausgangspositionen ausgerichtete Haltung gelegentlich gehindert und ihn innerhalb des westlichen Kreises wiederholt isoliert. Botschafter Bauer hat jedoch letztlich dem Konsens des Westens nie widerstanden, sondern – im Gegenteil – die einmal gefundene Einigung der 17 loyal und konstruktiv mitgetragen.

Die Delegation der Bundesrepublik Deutschland, der Mitarbeiter aus verschiedenen Bonner Ministerien angehörten (vor allem Auswärtiges Amt, Bundesministerium der Verteidigung, – für innerdeutsche Beziehungen –, für Wirtschaft), wurde bis August 1988 von Botschafter Dr. Ekkehard Eickhoff geleitet, danach bis zum Abschluß durch Botschafter Detlev Graf zu Rantzau. Da die KSZE für das geteilte Deutschland von besonderer Bedeutung ist, war es nur natürlich, daß sich die deutsche Delegation bei solchen Themen, die die Menschen diesseits und jenseits der mitten durch Deutschland gezogenen West-Ost-Trennlinie betreffen, besonders engagierte, z. B. bei den Menschenrechten und bei den grenzüberschreitenden Menschlichen Kontakten. Die westlichen Partner, aber auch die NuN haben diese deutschen Interessen voll anerkannt und das deutsche Drängen auf Vereinbarung von Substanztexten etwa zur Freizügigkeit und zu den verschiedenen Facetten der Familienzusammenführung unterstützt. Botschafter Eickhoff, ein im guten Sinne denkbar untypischer Diplomat (u. a. Privatdozent für Neuere Geschichte und Autor von über einem Dutzend auflagenreicher historischer Bücher), genoß außergewöhnlich hohes persönliches Ansehen in allen KSZE-Gruppierungen und erlebte bei seiner Verabschiedung Anfang August 1988 im Plenum des Wiener Treffens eine in der KSZE-Geschichte wohl beispiellose spontane Runde von Elogen, u. a. durch die Delegationsleiter der Sowjetunion, der DDR, der USA und Österreichs. Eickhoff, von Natur aus auf Verständigung angelegt, vermochte mit seinem glücklichen, offenen Temperament deutsche Interessen ebenso wie die Positionen der zwölf EG-Mitgliedstaaten (zur Zeit der deutschen Präsidentschaft im ersten Halbjahr 1988) wirkungsvoll zu artikulieren und weitgehend mit Erfolg durchzusetzen. Für seine Delegation war Eickhoff eine ungewöhnlich integrierende und motivierende Kraft, der seinen Mitarbeitern so viel wie möglich Selbständigkeit einräumte. Auf eigenen Wunsch ging Eickhoff – wegen der Überlänge des Wiener Treffens viel später als vorgesehen – als Botschafter nach Ankara, wo er – vielleicht als erster hochrangiger ausländischer Repräsentant überhaupt – seine Rede bei Überreichung des Beglaubigungsschreibens frei und in fließendem Türkisch hielt. Graf zu Rantzau übernahm die Delegationsleitung in einer Phase, als wenige Streitfragen die Konferenz noch beschäftigten. In seiner ersten Plenarerklärung am 2. September 1988 analysierte er in einer Gelassenheit, zu der vielleicht nur ein Neuankömmling imstande ist, den Konferenzstand und gab, zum Mißvergnügen einiger westlicher Partner, den nüchternen Befund ab, das Wiener Treffen habe alles in allem das Erreichbare erreicht. Rantzau forderte sodann die Teilnehmer auf, »keine neuen Probleme in die Welt zu setzen und keine Anlässe zu suchen, die Lösung der verbliebenen Fragen weiter hinauszuschieben«. Ihm war es mit zu verdanken, daß das bereits allzu lange dauernde Wiener Treffen sich endlich auf die wirklich wesentlichen Restprobleme konzentrierte und sie Lösungen zuführte. In der innerwestlichen Verhandlungssteuerung trug Graf Rantzau entscheidend dazu bei, insbesondere von den nordamerikanischen Delegationen noch kurz vor Konferenzende nachgeschobene Maximalforderungen im Bereich der Menschenrechte auf ein erträgliches Maß zu reduzieren und somit den Konsens der 35 zustandezubringen. Dies entsprach der Haltung der neutralen Länder, die ihrerseits für Nachforderungen nicht mehr empfänglich waren; sie sahen die Gefahr, daß dann auch die Staaten des Warschauer Paktes Appetit auf mehr bekämen.

Diplomaten sind auch Menschen

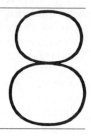

Zwischen den Delegationsmitgliedern der verschiedenen Staaten entwik-
kelten sich während der Konferenz zum Teil enge persönliche Kontakte und
Freundschaften. Dies hat der Konferenzarbeit geholfen, doch Freundschaften haben nie davon abgehalten, offen Meinungsunterschiede auszutragen
und erfreulicherweise meistens beizulegen. Die Konferenzdauer brachte es
auch mit sich, daß zwischen Delegierten sogar verwandtschaftliche Bande
geknüpft wurden. So lernte ein portugiesischer Delegierter, der übrigens
für »Menschliche Kontakte« zuständig war, die Tochter des Delegationsleiters von Liechtenstein kennen und lieben. Viele Kollegen wurden zur Hoch-
zeit der beiden eingeladen, später auch zur Taufe ihres ersten Sohnes na-
mens Vasco. Fazit: ein so langes Treffen (genau zwei Jahre, zwei Monate,
zwei Wochen und zwei Tage: vom 4. November 1986 bis zum 19. Januar
1989) kommt nicht umhin, fruchtbare Folgen zu haben.
Zur informellen Prozedur des Wiener Treffens hat das Ambiente von Österreichs Hauptstadt mit seinen Kaffeehäusern und mit den »Heurigen«-Gast-
stätten in Grinzing und anderswo spürbar beigetragen. Die regelmäßigen
Diners und »Working Lunches« in berühmten Hotels wie »Bristol«, »Impe-
rial« oder »Sacher« und in neueren Restaurants wie das »Do & Co«, das
»Kiang«, das »Al Cavallino« und das »Salzamt« haben nicht nur für die Verhandlungsarbeit Fortschritte gebracht, sondern bei vielen Delegierten –
auch beim Verfasser dieser Zeilen – die nicht unbedingt als angenehm empfundene Nebenfolge beträchtlicher Gewichtszunahme. Mit Oscar Wilde
hatte man gegenüber den süßen Köstlichkeiten aus dem »K.u.K. Mehlspeis-
himmel« einzugestehen: »Ich kann allem widerstehen, außer der Versu-
chung.«
Auf dem Wiener Treffen war im übrigen eine geradezu unselige »Cocktail-
Inflation« zu erleiden. Das Vorurteil, Diplomaten würden am liebsten auf
Kosten des Steuerzahlers ihre Zeit mit dem Genuß hochprozentiger Alko-
holika und vielgängiger Menüs verbringen, wird durch die Wiener Anstrengungen in diesem Bereich leicht widerlegt. Wer verbringt freiwillig nach einem Arbeitstag, der in der Regel von acht Uhr früh bis 19 oder 20 Uhr
abends dauert, noch die wenigen verbliebenen Abendstunden wieder mit

denselben Kollegen (selbstverständlich alle liebenswert und sachlich ergiebig), die er den ganzen Tag schon hautnah erleben durfte? – Der erfahrene Diplomat zieht es dagegen vor, auf Cocktails spät zu erscheinen, früh zu gehen, keinen alkoholischen »Drink« zu konsumieren, sondern mit einem Glas Orangensaft in der Hand sich gezielt die für seine Sachthemen kompetenten Gesprächspartner zu suchen. Danach – endlich – müde nach Hause, wo ihn Frau und Kinder schon lange vergeblich erwartet hatten.

Kowaljow läßt in seinem Buch den türkischen Schriftsteller Karaosmanogly zu Worte kommen, der als «Diplomat wider Willen» 1955 schrieb:

»Vor meinem Eintritt in den diplomatischen Dienst glaubte ich, Diplomaten seien Menschen, denen die außergewöhnliche Fähigkeit eigen ist, mit Hilfe eines besonderen Sinnes, dank dem sie im glänzendsten Sieg die Niederlage und in der schwersten Niederlage den Sieg erblikken können, die geheimen Sprungfedern der historischen Erscheinungen zu erkennen.«

Die Dinnertafel, so sagt er, werde zum eigenartigen Prüfstein im Leben des Diplomaten. An ihr zeigten sich die wichtigsten Vorzüge und Mängel des Menschen. Hier habe er um Erfolg und Achtung zu ringen. Jeder Diplomat mit Selbstachtung müsse seine Verdauung mit einem Durcheinander der verschiedensten Speisen zugrunde richten und sein Hirn mit dem nutzlosen und vergeblichen Spiel strapazieren, geistreich und schlagfertig zu scheinen. Bei Tische habe er fortwährend zu essen und zu sprechen, zu essen und zu sprechen. Seine Nachbarin rechts, ein Ausbund von Häßlichkeit, überzeuge er davon, eine Schönheit zu sein; seiner Nachbarin links, die miserabel gekleidet ist, werde er einreden, daß sie feinsten Geschmack zeige. Erhält er gar den Sitz neben der Hausfrau, so dürfe er nicht versäumen, ihr zu sagen, daß er so erlesene Gerichte wie die ihrigen noch nirgendwo genossen habe. Er müsse ständig auf der Hut sein und es verstehen, auf jede gestellte Frage so zu erwidern, daß seine Antwort weder als bejahend noch als verneinend aufgefaßt werden kann.

Während die meisten westlichen Delegierten jedoch wenigstens mit ihren Familien in Wien zusammenleben konnten, hatten es die östlichen Kollegen weit schwerer: die große Mehrzahl von ihnen wohnte allein – als Strohwitwer oder -witwen – in Wien, da die Dauer des Wiener Treffens ursprünglich ja nur auf knapp neun Monate – bis zum 31. Juli 1987 – anberaumt worden war und es die Möglichkeit gab, in den verschiedenen Pausen zu Weihnachten und zu Ostern zwei bis drei Wochen nach Hause zu fahren. Nachdem sich herausstellte, daß das Treffen nicht bis zum Zieldatum 31. Juli 1987 endete, wurde es immer wieder monateweise verlängert. Bei der dauernden Ungewißheit über den endgültigen Abschluß erschien es dann nicht mehr wirtschaftlich sinnvoll, in Wien auf mehrere Jahre Wohnungen anzumieten. Die traurige Folge: lange Trennungen von der Familie. Die Ironie: jene Diplomaten, die sich um Menschenrechte und Familienzusammenführung bemühten, erfuhren am eigenen Leibe die Folgen der Trennung. Alles zusammengenommen kann angesichts ihrer harten Lebens- und Arbeitsbedingungen auf die multilateral tätigen Diplomaten das – von Günter Grass Dichtern zugedachte – Epitheton »Männer des bloßen Wortgeschehens« nicht gemünzt werden. Gelegentlich wird auch das Los der Familien von Diplomaten anerkannt. So schloß Außenminister Genscher in seinem Weihnachtsbrief 1989 an die Mitarbeiter die Familien ausdrücklich ein und schrieb: »Die Ehepartner, die Berufsverzicht, Gesundheitsrisiken und manche Härten in Kauf nehmen, die häufig karitative Arbeit leisten und das Bild der Deutschen in der Welt mitprägen; auch die Kinder, die ihren Sprachraum und ihren Freundeskreis oft wechseln müssen und deshalb so sehr auf die eigene Familie angewiesen sind.«

Streit in Wien – die Implementierungsdebatte über Menschenrechte und andere Themen

*Es gibt nichts Gutes,
außer: Man tut es.*

Erich Kästner

Wie schon in den Erklärungen der Außenminister zu Beginn des Wiener Treffens wurden in der Implementierungsdebatte, die auf drei Monate – von November 1986 bis Ende Januar 1987 – angesetzt war, umfassende und offene Kritik an der mangelnden Erfüllung der KSZE-Verpflichtungen, insbesondere auf dem Gebiet der Menschenrechte, geübt. Es waren vor allem die drei anglo-amerikanische Staaten, die, gezielt und mit namentlicher Nennung der für Menschenrechtsverletzungen verantwortlichen Regierungen in einigen Staaten des Warschauer Pakts, die Debatte sehr konkret führten. Entsprechend war die Atmosphäre in den Plenarsitzungen ebenso wie in den subsidiären Arbeitsorganen P (=Prinzipien/Menschenrechte) und H (= Korb III), wo die Menschenrechte und die Themen der humanitären Zusammenarbeit zu erörtern waren, außerordentlich gespannt. Nicht selten herrschte ein gereizter, polemischer Ton. Westliche Delegierte stellten in inquisitorischer Manier immer wieder Fragen nach dem Schicksal einzelner Verfolgter. Die angesprochenen Delegationen des Ostens reagierten unterschiedlich: manchmal schlichtweg die Vorwürfe abstreitend; manchmal das Recht der anderen TNS bestreitend, diese Fragen zu stellen, da es sich um die vom Helsinki-Prinzipienkatalog als unzulässig erklärte Einmischung in innere Angelegenheiten handele; manchmal aber auch auf den konkreten Fall antwortend. Dies stellte eine bescheiden beginnende, sich im Laufe des Wiener Treffens weiterentwickelnde positive Sinneswandlung dar und führte zu einem aufrichtigeren Dialog über die Menschenrechte. Zuallererst forderten die USA – und nicht nur sie – das Recht auf Ausreise für all jene in der Sowjetunion, die dies wollten: vor allem Staatsbürger jüdischen Glaubens, aber auch die Deutschstämmigen sowie Angehörige anderer Minderheiten oder Nationalitätengruppen. Ein weiteres Thema in Wien war die Verfolgung und Diskriminierung der türkischen Minderheit in Bulgarien. Hierzu entwickelte sich ein Dauerdisput zwischen den beiden Delegationen der Türkei und Bulgariens. Bemerkenswert war dabei, daß die anderen Mitgliedstaaten des Warschauer Pakts ihrem Bündnispartner nicht zur Seite standen. Alle westlichen Staaten, wenngleich mit unterschiedlicher Lautstärke und unterschiedlicher Detaillierung, beanstandeten auch die Menschenrechtsverletzungen in Rumänien (Unterdrückung der ungarischen Minderheit sowie der deutschen Volksgruppe). Hierzu ist ein KSZE-Novum zu verzeichnen insofern, als erstmalig ein Staat des Warschauer Pakts, nämlich Ungarn, einen anderen ausdrücklich und mit Namen wegen der Mißachtung von Menschenrechten scharf kritisierte. In der Menschenrechtsdiskussion des Wiener Treffens haben dagegen westliche Delegationen an anderen westlichen Teilnehmern keine Kritik geäußert. So ist etwa die Türkei verschont geblieben, obgleich ihr z.b. im Europarat andere westliche Staaten Menschenrechtsverletzungen gut begründet zum Vorwurf gemacht haben. Die Staaten aus der NuN-Gruppe haben sich ebenfalls nicht gescheut, Mängel bei der Erfüllung der KSZE-Verpflichtungen zu monieren. Dies wurde von den angegriffenen östlichen Staaten durchaus respektiert und hat die den NuN im KSZE-Prozeß traditionell übertragene Mittlerrolle zwischen West und Ost (bei der Aushandlung des Schlußdokuments) nicht beeinträchtigt. Ihrerseits sind NuN-Staaten nicht Adressat der Menschenrechtskritik durch andere TNS geworden.

Östliche Delegationen verhielten sich keineswegs nur defensiv und griffen ihrerseits angebliche Mißstände in westlichen Staaten an; so behaupteten sie, daß in den USA die schwarze Minderheit, die Indianer und andere diskriminiert würden und es eine Reihe von (aus politischen Gründen) Inhaftierten gebe, deren Namen sie nannten. Sie attackierten auch den angeblichen «Staatsterror» der britischen Armee in Nordirland und brachten immer wieder die angeblichen «Berufsverbote» in der Bundesrepublik Deutschland zur Sprache. Die westlichen Delegationen versuchten stets, auf die östlichen Vorwürfe konkret zu reagieren. So erlaubte es die amerikanische Regierung sowjetischen Regierungsbeamten, angebliche politische Gefangene in amerikanischen Gefängnissen aufzusuchen. Die sowjetischen Beamten konnten sodann von den Inhaftierten erfahren, daß sie sich nicht als politisch verfolgt betrachteten und auch nicht an Beistand von sowjetischer Regierungsseite interessiert waren. Die bundesdeutsche Delegation erwiderte auf den Vorwurf des «Berufsverbots», daß der Europäische Gerichtshof für Menschenrechte im Sommer 1986 in zwei Grundsatzentscheidungen (zum Fall eines Rechtsextremisten und eines Linksextremisten) festgestellt habe, daß die bundesdeutschen Zugangsbedingungen zum öffentlichen Dienst Menschenrechte nicht verletzten. Der deutsche Sprecher im Korb III verteilte an die interessierten östlichen Delegationen die Texte der beiden Gerichtsentscheidungen (Glasenapp-Fall – 4/1984/76/120 – Urteil v. 28. 8. 1986 – und Kosiek-Fall – 5/1984/77/121 – Urteil v. 28. 8.

1986) und forderte die östlichen Staaten dazu auf, sich ebenfalls einer übernationalen Gerichtsbarkeit zu unterwerfen. Dieses Frage- und Antwort-Spiel geriet im Laufe des Wiener Treffens geradezu zu einem Ritual und wurde mehrfach sowohl im Plenum wie in Arbeitsgruppen der 35 wiederholt. Die sowjetische Delegation kritisierte auch – mit dunklen, nicht im einzelnen belegten Andeutungen – die angeblich in der Bundesrepublik Deutschland zu Tausenden vorgekommenen Fälle von Ausreisebeschränkungen durch Paßentzug. Auch hierauf konnte mit dem Hinweis reagiert werden, daß jeder einzelne Fall in diesem Bereich gerichtlicher Nachprüfung unterliege.

Die streckenweise polemische Implementierungsdebatte war nützlich, weil sie die vielen Fälle von prominenten Dissidenten ebenso wie die viel größere Zahl der «Namenlosen» in das Scheinwerferlicht der Öffentlichkeit zogen. Die östlichen Delegationen zumal sahen sich im Rechtfertigungszwang, auf die Vorwürfe zu reagieren und die Fälle zu lösen. Fast immer haben sie ihren Hauptstädten über die in Wien anhängig gemachten Fälle berichtet, und erfreulicherweise gelang es ihnen zusehends häufiger im Laufe der Konferenz, nach einigen Monaten in Wien die Lösung von Fällen – meist in Form von Ausreisebewilligungen oder wenigstens Haftentlassungen – bekanntzugeben. Alle westlichen und neutralen Delegationen erhielten während des Wiener Treffens eine Fülle von Petitionen einzelner Bürger, die sich für Freunde oder Verwandte in Mittel- und Osteuropa einsetzten. In systematischer Form übermittelten Menschenrechtsorganisationen, z.B. Amnesty International, die International Helsinki Federation for Human Rights, die Internationale Gesellschaft für Menschenrechte (IGFM), eine Reihe jüdischer Gruppen aus den USA, Kanada und Großbritannien, lange Listen von ausreisewilligen Sowjetbürgern und von anderen Verfolgten oder Inhaftierten in anderen Staaten des Warschauer Pakts. Oft waren allerdings die Angaben zu den einzelnen Fällen ungenau oder unvollständig, so daß wiederholt etwa die sowjetische Delegation – auch in öffentlichen Sitzungen – zurückfragen und die Existenz dieser Fälle bestreiten konnte.

Besondere Verfahren der Klärung und Lösung von Menschenrechtsfällen wählten die USA im Verhältnis zur Sowjetunion und die Bundesrepublik im Verhältnis zu den Warschauer-Pakt-Staaten insgesamt. Für die Dauer des gesamten Wiener Treffens legten die amerikanische Regierung und ihre Wiener Delegation den Sowjets Listen mit Hunderten von Fällen vor und konnten bis zum Abschluß des Wiener Folgetreffens die große Mehrzahl dieser Fälle lösen oder zumindest die Zusage der Lösung der noch offenen Fälle auch nach Beendigung des Wiener Treffens erreichen. Die Amerikaner verbanden zudem ihre Zustimmung zu Moskau als Konferenzort für ein KSZE-Treffen über die Menschliche Dimension mit mehreren Forderungen: Änderung menschenrechtswidriger Strafgesetze, spürbare Steigerung der Ausreisegenehmigungen für emigrationswillige Juden sowjetischer Staatsangehörigkeit sowie Freilassung aller aus politischen Gründen in Gefängnissen oder psychiatrischen Anstalten festgehaltener Dissidenten. Die Bundesrepublik Deutschland wählte ein differenziertes Verfahren für die Lösung ihrer Fälle. Am Rande des Wiener Treffens fanden wiederholt bilaterale Begegnungen mit den östlichen Delegationen statt, zu denen auch Beamte aus den Hauptstädten hinzugezogen wurden. Beispielsweise konnte mit der sowjetischen Delegation die ausreiserelevante Gesetzgebung der Sowjetunion ausführlich und kritisch erörtert werden; im übrigen erklärte sich die sowjetische Delegation bereit, Listen mit Härtefällen den zuständigen Behörden in Moskau vorzulegen. Dasselbe Verfahren wurde mit den Delegation Rumäniens, Polens und der ČSSR praktiziert und führte – nicht immer in wenigen Tagen, aber doch innerhalb einiger Monate – zur befriedigenden Lösung einer beträchtlichen Anzahl von Härtefällen auf dem Gebiet der Menschenrechte und insbesondere auch der Familienzusammenführung.

In Wien hat sich die von den westlichen Delegationen gewählte Methode der Parallel-Aktion öffentlicher Anmahnung und diskreter Sondierung bewährt. Die beiden Wege schließen sich nicht aus, sondern ergänzen sich sinnvoll. Diese Bewertung wird auch von den Menschenrechtsorganisationen grundsätzlich geteilt, die in Wien praktisch unbeschränkte Möglichkeiten des Zugangs zu den Delegationen genießen konnten und erstmalig im KSZE-Prozeß auch von den östlichen Delegationen problemlos empfangen wurden. Dabei stellte sich heraus, daß es sich keineswegs nur um kurze »Höflichkeitstermine« handelte, sondern daß die östlichen Delegierten in der großen Mehrzahl der von Menschenrechtsgruppen ihnen direkt vorgetragenen Fälle aufrichtige Anstrengungen zur Lösung dieser Fälle machten.

Auch in den Medien erregten besonders die Besuche freigelassener Dissidenten auf dem Wiener Treffen wie zum Beispiel Jurij Orlow und Irina Ratuschinskaja großes Aufsehen; Orlow ebenso wie andere kamen mit sowjetischen Delegationsvertretern zusammen oder stellten in Pressekonferenzen östlicher Delegationen Fragen an die Repräsentanten jener Regierungen, die sie so lange verfolgt oder eingekerkert hatten. Orlow nahm auch insofern Einfluß auf das Wiener Treffen, als er angeblich der britischen Premierministerin geraten haben soll, einer Moskauer Menschenrechtskonferenz nicht zuzustimmen. Daran hielt sich Frau Thatcher bis kurz vor Konferenzende.

Die Implementierungskritik war in Wien nicht nur auf die für die ausdrücklich der Implementierungsdebatte vorbehaltenen Sitzungen beschränkt, sondern wurde bis zum letzten Tag des Wiener Treffens je nach aktuellem Anlaß immer wieder aufgenommen. Das entsprach dem Selbstverständnis der westlichen und neutralen Vertreter, nicht hermetisch abgeschlossen von der wirklichen Welt zu verhandeln, sondern die tatsächlichen Entwicklungen unmittelbar in das Konferenzgeschehen einzubeziehen. Im übrigen lassen die KSZE-Verfahrensregeln es ausdrücklich zu, daß jeder Teilnehmerstaat zu jeder Zeit das souveräne Recht ausüben kann, zu Themen seiner Wahl zu sprechen.

Ganz im Gegensatz zur polemisch gefärbten Implementierungskritik bei den Menschenrechten war die Debatte in der Korb II-Arbeitsgruppe geschäftsmäßig und emotionsfrei. Die östlichen Vertreter waren sichtlich bemüht, durch Verzicht auf Konfrontation die Voraussetzung für eine sachlich weiterführende Erörterung neuer Vorschläge zu schaffen. Während der Westen die krisenhafte Entwicklung in den meisten, wenn nicht gar in allen östlichen Volkswirtschaften für den seit der zweiten Hälfte der siebziger Jahre spürbaren Rückgang im west-östlichen Warenverkehr verantwortlich machte, machten die östlichen Sprecher hierfür im wesentlichen eher politische Gründe – das »Ende der Entspannung« – geltend. Zum Handel wurden von westlicher Seite die in vielen mittel- und osteuropäischen Ländern vorhandenen unbefriedigenden geschäftlichen Rahmenbedingungen (z. B. Kontakt mit den Endverbrauchern, Lebens- und Arbeitsbedingungen für die Firmenvertreter) sowie die Situation bei Information und Statistik beklagt. Auch fortbestehende Handelshindernisse wie etwa das staatliche Außenhandelsmonopol und die Kompensationsproblematik wurden kritisiert. Demgegenüber beschwerten sich die östlichen Delegationen hauptsächlich über Beschränkungen beim Marktzugang und über Produktionsbehinderungen (Antidumping). Zum Bereich Wissenschaft und Technologie antworteten die westlichen Sprecher auf den östlichen Wunsch nach mehr Zusammenarbeit damit, daß diese kommerziellen Grundsätzen (soweit auf Unternehmensebene durchzuführen) zu folgen habe und vorbehaltlos auch solche Forschungsgebiete einbeziehen müsse, die etwa wie die sowjetische Grundlagenforschung bisher der Kooperation weitgehend verschlossen gewesen wäre.

Die ergebnisreiche Implementierungsdebatte zu allen KSZE-Themen war erforderlich, weil sie ein nüchternes und genaues Bild zur Verwirklichung der KSZE-Verpflichtungen zeichnete. Erhebliche Rückstände in der Erfüllung der Menschenrechtsbestimmungen mußten dargelegt werden; dies geschah aus tragischem Anlaß manches Mal auch in dramatischer Form, z. B. als Anatolij Martschenko Mitte Dezember 1986 in der Haft starb. Als dies in Wien bekannt wurde, legte der amerikanische Delegationsleiter Botschafter Zimmermann während seiner Erklärung im KSZE-Plenum eine Schweigeminute ein, worauf die sowjetischen Delegierten zusammen mit anderen östlichen Vertretern den Sitzungssaal unter Anzeichen des Protestes vorübergehend verließen.

Die ursprüngliche Befürchtung, die Implementierungsdebatte könne zu einer Arena selbstgerechten Wetteiferns in Bezichtigungen ausarten, erfüllte sich erfreulicherweise nicht. Kritik wurde in der Regel angenommen und meist sachlich auch beantwortet. Dazu gehörte selbstverständlich auch die ausdrückliche Würdigung positiver Entwicklungen. Die von westlichen Sprechern so oft geforderte Rückkehr von Andrej Sacharow aus seinem Verbannungsort Gorki nach Moskau gab der Wiener Debatte im Januar 1987 einen neuen, hoffnungsvollen Ton.

Ein immer wiederkehrendes Thema in der Implementierungsdebatte war die Besetzung Afghanistans durch die Sowjetunion. Auf entsprechende Kritik, daß die sowjetische Regierung damit alle zehn Prinzipien der Schlußakte von Helsinki eklatant mißachte, reagierten die sowjetischen Vertreter mit groben Gegenangriffen auf die USA und warfen ihr ebensolche Verstöße gegen das Völkerrecht in Mittelamerika und insbesondere gegenüber Nikaragua vor.

Der Stil in dieser Kontroverse kam der Art der Auseinandersetzung am nächsten, die etwa noch in Ottawa, auf dem ersten KSZE-Treffen zu den Menschenrechten im Frühsommer 1985, üblich gewesen war. Dort stießen Sowjets und Amerikaner starr und unversöhnlich gegeneinander, in sturer Konfrontation nach dem Motto: »The irresistible force meets the immovable object.«

Schließlich hat die Implementierungsdebatte alle Teilnehmer gelehrt, die Grammatik des Dialoges zu lernen und anzuwenden. Aus der Debatte gingen Ansätze und Anregungen hervor, die sich später in Konferenzvorschläge organisch umsetzen ließen und damit dazu beitrugen, KSZE-Grundverpflichtungen auszubauen und angesichts neuer Bedürfnisse zu detaillieren und zu präzisieren.

Die von WP-Staaten auf früheren KSZE-Treffen stets monoton aufgestellte Behauptung, die Diskussion der Menschenrechte sei ein Verstoß gegen das Gebot der Nichteinmischung in innere Angelegenheiten, fand in Wien kaum noch explizite Fürsprecher. Lediglich die Delegationen Rumäniens und der ČSSR führten diesen Einwand noch regelmäßig an; seltener schon Bulgarien und die DDR. Die KSZE-Praxis wird nach der insgesamt guten Erfahrung von Wien sich künftig kaum mehr von dem Gebot der Nichteinmischung an der kritischen Erörterung der Menschenrechtslage in den Teilnehmerstaaten hindern lassen, zumal »Einmischung« nach der Definition im Prinzip VI der Schlußakte immer auch mit dem Element eines gewissen Zwanges, einer Druckausübung oder einer Gewaltandrohung verbunden ist. Kritische Fragen und das Verlangen nach Rechenschaft über die Erfüllung gemeinsam eingegangener Verpflichtungen können darunter wohl nicht fallen. Rechtsdogmatisch kommt hinzu, daß die Achtung der Menschenrechte (Prinzip VII) gleichen Rang mit den anderen neun Prinzipien zur Regelung der Beziehungen zwischen den Staaten besitzt.

Gegenüber dem westlichen Menschenrechtskonzept (Vorstaatlicher Ursprung der Menschenrechte, also nicht »kooperativ« herstellbar) wurden weitere vom WP früher im KSZE-Rahmen erhobene Einwände (Entspannung als Voraussetzung der Zusammenarbeit zur Gewährleistung der Menschenrechte) sowie die sog. Wirtschafts- und Sozialrechte im Laufe des WFT kaum noch geltend gemacht. Dagegen vollzog die Sowjetunion eine vielbeachtete Kehrtwendung mit der Erklärung, später auch in offiziellen Kommuniqués der AM-Treffen des WP wiederholt, die Achtung der Menschenrechte sei ein Pfeiler des internationalen Sicherheitssystems. Erstmalig kam diese neue Haltung in einem Präambelabsatz des sowjetischen Vorschlags für die Moskauer Menschenrechtskonferenz (WT 2) zum Ausdruck. Dort heißt es: ». . . In Anerkennung der großen Bedeutung, die den Menschenrechten und der Zusammenarbeit in humanitären Bereichen als einer der Grundlagen der internationalen Sicherheit und des KSZE-Prozesses zukommt, . . .«

Die Vorschlagsphase

Gemäß der Tagesordnung war der formelle Beginn der Einbringung »weiterführender Vorschläge« für Ende Januar 1987 vereinbart worden. Gleichwohl ließen es sich einige östliche Delegationen nicht nehmen, bereits Anfang Dezember 1986 – mit der beabsichtigten öffentlichen Wirkung – ihre Hauptvorschläge zur Fortentwicklung des KSZE-Prozesses in die Verhandlungen offiziell einzuführen. Der polnische Vize-Außenminister Jan Kinast führte den Vorschlag zur Fortführung der KVAE ein. Diese solle einerseits – in Weiterentwicklung des Stockholmer Dokuments – Vertrauens- und Sicherheitsbildende Maßnahmen ausbauen und andererseits die Reduzierung von Streitkräften und Waffensystemen in Europa zum Thema haben; der Vorschlag bekam das Konferenzsignum WT 1 v. 8. 12. 1986 (WT = Wiener Treffen). Den 16 NATO-Partnern gelang es dagegen erst am 10. Juli 1987, mehr als sieben Monate später, ihren Vorschlag – WT 129 – zum Thema der militärischen Sicherheit vorzulegen, sehr zum Nachteil des öffentlichen Erscheinungsbildes der westlichen Allianz (zum innerwestlichen Meinungsstreit über die Behandlung militärischer Themen im KSZE-Rahmen vgl. Kapitel 16 – Vereinbarungen zur Militärischen Sicherheit).

Der bereits von Außenminister Schewardnadse angekündigte Vorschlag einer Konferenz über die humanitäre Zusammenarbeit wurde am 10. 12. 1986, also am »Tag der Menschenrechte«, durch den Ersten Stellvertretenden Außenminister der Sowjetunion, Kowaljow, eingebracht. Diese Einführung erhielt jedoch nicht die gewünschte Propagandawirkung, da am selben Tag der russische Dissident Anatolij Martschenko starb und die Öffentlichkeit – ebenso wie die Wiener Konferenz – diese Nachricht kurz darauf erfuhr. Dieser Vorschlag – WT 2 – war bis zur letzten Konferenzwoche zwischen West und Ost heiß umstritten, obgleich sich einige wenige westliche Teilnehmerstaaten bereits unmittelbar nach der Ankündigung Schewardnadses zur Einladung nach Moskau grundsätzlich – unter Einhaltung einiger präziser Bedingungen – positiv geäußert hatten, an erster Stelle der bundesdeutsche Außenminister Genscher.

Darüber hinaus führte die Delegation der ČSSR am 15. Dezember ihren Vorschlag für ein KSZE-Wirtschaftsforum (WT 3) ein. Auch diese Konferenzidee blieb bis zur Schlußphase des Wiener Treffens strittig, aber nicht nur zwischen West und Ost, sondern auch innerwestlich. Beim Eröffnungstreffen der Minister hatte Genscher bereits für die Bundesrepublik Deutschland den Vorschlag für eine Wirtschaftskonferenz angekündigt, doch formell wurde dieser Vorschlag erst durch alle zwölf EG-Mitgliedstaaten gemeinsam am 18. Februar 1987 als WT 58 eingebracht.

Insgesamt wurden in Wien über 160 Vorschläge zu den verschiedenen KSZE-Gebieten formell eingebracht, die meisten bis Ende März 1987. Aber auch danach wurden weitere Vorschläge, oft in revidierter Form oder mit zusätzlichen Mit-Einbringern, unterbreitet. Auch diese Praxis entspricht dem Verfahrensverständnis der KSZE, daß jederzeit jeder Teilnehmerstaat das souveräne Recht hat, Vorschläge einzubringen.

Die Übersicht zeigt, daß bei weitem die meisten Vorschläge die Themen Menschenrechte und Korb III betreffen und in ihrer überwiegenden Mehrzahl von westlichen Delegationen sowie von einigen westlich orientierten neutralen Staaten (Österreich, Schweiz, Schweden) unterbreitet wurden. Schon während die Implementierungsdebatte noch andauerte, hatten die westlichen Delegationen auf der Ebene der Experten wie der Botschafter außerordentlich intensiv ein umfangreiches Vorschlagsbündel zum Fragenkreis der Menschenrechte und des Korbes III ausgearbeitet. Der übliche Arbeitsweg – erst Beschlußfassung im Rahmen der EPZ, dann Beschlußfassung durch die 16 NATO-Partner – war zeitlich aufwendig, zumal alle Delegationen im Laufe der Textredigierung ihre Hauptstädte immer wieder um Weisung zu bitten hatten. Im Ergebnis gelang es den 17 westlichen Partnern, ein Vorschlagspaket auszuarbeiten, das – so die Aussage des amerikanischen Delegationsleiters Zimmermann – von Anspruch und Umfang her in der KSZE-Geschichte beispiellos war. Ziel der Vorschläge war es, Neuvereinbarungen zu solchen Menschenrechten anzustreben, die aufgrund der Erfahrungen der vorangegangenen Jahre und aktueller Ereignisse besonders gefährdet schienen und daher der besonderen Zuwendung der KSZE bedurften. Die Vorschläge enthielten dementsprechend detaillierte Forderungen zur Religionsfreiheit und zu Kontakten der Gläubigen über die Grenzen hinweg, zur Meinungsfreiheit, zur Freizügigkeit ebenso wie zu ihrer praktischen Ausprägung im Bereich der Menschlichen Kontakte des Korbes III (u. a. Familienzusammenführung, Familienbegegnungen), zu den Rechten von Minderheiten und zum Recht des einzelnen wie von Organisationen (z. B. Menschenrechtsvereinigungen), sich für die Verwirklichung der Helsinki-Schlußakte und damit auch für die Achtung der Menschenrechte einsetzen zu können.

Die westlichen Vorschläge waren auch davon bestimmt, den aus Moskau kommenden »Glasnost«-Anspruch ernstzunehmen. Doch war der Weg von Erklärungen der sowjetischen Führung zur »niedrigen Ebene« der Delegation in Wien nicht so schnell wie gewünscht zu bewältigen. In Wien war lediglich ein außerordentlich zähflüssiger »trickle-down effect« zu registrieren. Erst Anfang 1988 setzten sich die guten Vorsätze des Gorbatschowschen Programms von Glasnost und Perestrojka in ein offeneres, dem westlichen Menschenrechtsverständnis entgegenkommendes Verhandlungsverhalten der sowjetischen Delegation um.

Die neutralen Staaten machten inhaltlich weitgehend deckungsgleiche Vorschläge und unterstrichen damit – wie schon zuvor auf den KSZE-Expertentreffen in Ottawa (Menschenrechte) und in Bern (Menschliche Kontakte) – die Wertekongruenz mit den westlichen Ländern auf dem Gebiet der Menschenrechte. In späteren Vermittlungsvorschlägen von Seiten der NuN gingen dann auch viele einzelne Elemente neutraler Vorschläge, zusammen mit den meisten westlichen, ein.

Östliche Vorschläge zu den Menschenrechten konzentrierten sich vor allem auf die Wirtschafts- und Sozialrechte, wie sie im Internationalen Pakt über Wirtschaftliche, Kulturelle und Soziale Rechte von 1966 (in Kraft getreten 1976) enthalten sind. Damit schlossen die WP-Delegationen auch an ihre während der Implementierungsdebatte geäußerte Kritik an sozialen Mißständen im Westen an, etwa der von ihnen behaupteten Arbeits- und Obdachlosigkeit in den USA. Dem westlichen Verlangen nach uneingeschränkter Achtung des Menschenrechts auf Freizügigkeit und Ausreisefreiheit setzten die WP-Staaten nicht ungeschickt Forderungen nach besseren Einreisemöglichkeiten entgegen. Darüber entspann sich in der Vorschlagsphase (und später auch ausgiebig in der Redaktionsphase) eine ausführliche Diskussion. Zunächst behaupteten die östlichen Sprecher, es sei notwendig, Ausreise und Einreise komplementär zu sehen. Denn, wer ausreise, müsse auch wissen, wohin er einreisen darf. Schließlich wurde aber die Klarstellung allgemein akzeptiert, daß die Ausreisefreiheit ein Menschenrecht ist, das nur den engen Einschränkungen des Internationalen Paktes über Bürgerliche und Politische Rechte (IPBPR) unterliegt, während die Einreise eines Ausländers der souveränen Entscheidung der Regierungs- und Verwaltungsbehörden des Einreisestaates vorbehalten ist und folglich dem Einreisewilligen auch nicht dieselben umfassenden Rechtsmittel gegen einen negativen Entscheid zur Verfügung stehen. Für die tägliche Praxis von Familienzusammenführungen bestand andererseits aber auch ein gewisses Einvernehmen der 35, eine etwas widerwillige Einsicht in die Notwendigkeit, daß in der Zusammenführung bisher getrennter Familien die Frage nach der Bereitwilligkeit eines Landes zur Aufnahme der gesamten Familie – und damit die Einreiseproblematik – eine humanitäre Antwort finden müsse.

Besonderes Interesse an KSZE-Neuverpflichtungen demonstrierten die WP-Staaten mit Vorschlägen zu den verschiedenen Abschnitten des Korbes II. Auch hierzu hatten sie in der – bereits beschriebenen – Implementierungsdebatte nicht zu Unrecht gerügt, daß, jedenfalls allgemein betrachtet, die Möglichkeiten der wirtschaftlichen Zusammenarbeit zwischen den TNS noch längst nicht genügend ausgeschöpft worden seien.

Auf den Wien vorangegangenen Expertentreffen in Ottawa und Bern ebenso wie auf dem Budapester Kulturforum im Herbst 1985 war für die Vorschlagsphase nützliche Vorarbeit geleistet worden. Viele Vorschläge in Wien waren »alte Bekannte« aus Ottawa, Bern oder Budapest, allerdings meist in modifizierter oder um neue Elemente erweiterter Form. Allein in Budapest waren über 250 Vorschläge eingebracht worden; dies war vor allem den dort in den Delegationen als nicht weisungsgebundene Mitglieder vertretenen Künstlern und Kulturschaffenden zu verdanken. Sie hatten eine Fülle von eigenen und auch eigenwilligen Vorschlägen zur ganzen Breite des kulturellen Spektrums in Budapest zur Diskussion gestellt. Aus diesem, später sog. Budapester »Schatz der Ideen« destillierten die westlichen Experten in Wien rund zwei Dutzend Einzelelemente heraus und faßten sie in zwei formelle Konferenzvorschläge (WT 29 v. 11. 2. 1987 und WT 54 v. 17. 2. 1987) zusammen. Zweifellos war diese das Ausgangsvolumen stark reduzierende Auswahl vorrangig davon bestimmt, ob die westlichen Regierungen dazu imstande waren, die von den individuellen Persönlichkeiten aus dem Kulturleben geäußerten Ideen auch praktisch zu verwirklichen oder zu finanzieren. In seinen beiden Vorschlägen legte der Westen das Hauptaugenmerk auf die individuelle schöpferische Freiheit des Künstlers und auf ungestörte Möglichkeiten für Künstler, über die Ost-West-Grenzen hinweg miteinander Kontakt zu haben und kreativ – ohne staatliche Bevormundung oder ideologische Zensur – zusammenarbeiten zu können. Die Kulturvorschläge der WP-Delegationen hoben dagegen vornehmlich die repräsentativen und kollektiven Elemente grenzüberschreitender Kulturkooperation unter staatlicher Anleitung hervor und wollten den Kulturbetrieb so weit wie möglich in zwischenstaatlichen Kulturabkommen formalisieren und kontrollieren. Allerdings – wie nunmehr bei fast allen KSZE-Themen – verhielt sich die Gruppe der sieben östlichen Staaten in Wien nicht mehr wie ein geschlossener monolithischer Block. Auch hier zeigten sich Einstellungen sehr gegensätzlicher Natur: liberale Aufgeschlossenheit in den Delegationen Polens und Ungarns, allmähliche Offenheit auch bei den Sowjets, Zurückhaltung gegenüber freiheitlichen Regungen bei der bulgarischen Delegation, geschicktes Ausweichen der DDR, offene Ablehnung wirklicher Kulturfreiheit durch die Delegationen Rumäniens und der ČSSR.

Westliche ebenso wie NuN-Delegationen aktualisierten auch Vorschläge, die in Bern zu den Menschlichen Kontakten eingebracht worden waren. Das Berner Expertentreffen hatte ohne Annahme eines Schlußdokuments geendet, da die USA als einziger Teilnehmerstaat einen von den westlichen Neutralen ausgearbeiteten Entwurf für ein Schlußdokument abgelehnt und somit den für die Verabschiedung notwendigen Konsens aller 35 verhindert hatten. Im Vergleich zu Bern waren die in Wien neu eingebrachten Vorschläge weit ehrgeiziger; denn – wie bereits mehrfach angedeutet – der Westen und die westlichen Neutralen wollten jetzt das Streben nach besserer Beachtung der Menschenrechte damit verbinden, die aus Moskau von höchster Ebene verkündete Glasnost-Botschaft auf ihre Ernsthaftigkeit hin zu testen. Lediglich die Ungarn und Polen ließen schon frühzeitig anklingen, wenn auch noch nicht unbedingt öffentlich, daß sie westliche Vorschläge durchaus ohne abschwächende Abänderungen annehmen könnten, dies aber aus solidarischer Rücksichtnahme auf ihre offensichtlich weniger oder überhaupt nicht fortschrittlich gesonnenen sozialistischen Bruderstaaten nicht täten. Dem entsprach es, daß gemeinsame Vorschläge aller sieben WP-Staaten in Wien die Ausnahme waren. Darüber hinaus gelang es Rumänien, sich mit einer Reihe von absurd anmutenden Konferenzvorschlägen, die kein einziger anderer WP-Staat als Miteinbringer zu unterstützen bereit war, sich sichtbar – bis hart an die Grenze der Lächerlichkeit – zu isolieren.

Der Beginn
der Redaktionsphase

11

Vier Monate vor dem Zieldatum für den Konferenzabschluß, dem 31. Juli 1987, lagen bereits mehr als 120 Vorschläge zu allen KSZE-Gebieten auf dem Wiener Verhandlungstisch. Doch die eigentliche Redaktionsarbeit in den verschiedenen subsidiären Arbeitsorganen begann kaum oder nur äußerst zögerlich. Die Zeit bis zur Sommerpause wurde hauptsächlich damit verbracht, daß West und Ost ihre Vorschläge mit vorbereiteten Erklärungen im Plenum oder in den Sitzungen der Arbeitsorgane wiederholt, ja ad nauseam, beschrieben und anpriesen. In dieser fruchtlosen Phase konnte man sich, wie auch in späteren unersprießlichen Abschnitten des Wiener Treffens, nur in Geduld fassen und an Goethes Wort denken:»Getretener Quark ist breit, nicht stark.«

Auch diese Sitzungen waren nicht selten vom Aufflammen der Implementierungsvorwürfe charakterisiert; oft führten harmlose Anlässe zu gereizten Wortwechseln. So beklagte ein sowjetischer Delegierter im Korb III den »Niedergang der Kultur« im Westen und, den Wert der klassischen Musik lobend, verdammte er gleichzeitig die zeitgenössische Rock- und Popmusik: sie verursache nur starke Ohrenschmerzen. Der bundesdeutsche Delegierte erwiderte daraufhin u. a.:»Bob Dylan beispielsweise war sehr beliebt, weil er mit seinen Liedern Hoffnungen und Sehnsüchte auszudrücken vermochte, die damals wie heute viele Menschen teilen. Wenn wir bedenken, wie viele Menschen in einigen Teilnehmerstaaten noch verfolgt, inhaftiert und gefoltert werden oder an der Ausübung elementarer Menschenrechte wie des Rechtes auf Freizügigkeit gehindert sind, müssen wir nicht Bob Dylan recht geben, wenn er fragt:

»How many times must a man look up,
before he can see the sky?
Yes, 'n' how many ears must one man have,
before he can hear people cry?
Yes, 'n' how many deaths will it take till he knows
that too many people have died?«

Bei vielen Delegierten, aufgewachsen in den sechziger Jahren, kamen Bob Dylans Verse gut an. Soweit bekannt, haben sie jedenfalls mit der deutschen Erklärung ihre Premiere innerhalb einer offiziellen KSZE-Sitzung erleben dürfen.

Die mühselige Detailarbeit, die unterschiedlichen Vorschläge aller Gruppen miteinander zu vergleichen und gemeinsame Elemente herauszuarbeiten, fand im Kreis der 35 noch nicht statt, in den internen Beratungen etwa des Westens immerhin allmählich, sowohl in Wien wie in den Hauptstädten.

Dies war auch sachlich begründet, da die angesammelte Verhandlungsmaterie zu einem gewaltigen Umfang mit einer Fülle von disparaten Einzelpunkten und Details angewachsen war, die gründlicher Prüfung durch die Experten in den zuständigen Ministerien der Teilnehmerstaaten bedurfte.

Die Delegationen der NuN, die ihre eigenen Vorschläge ebenfalls in Erinnerung riefen, aber in nicht ganz so ausführlicher Weise, warteten derweil, »schweigend in der Mitte«, auf ihre auf KSZE-Konferenzen übliche Berufung als »Koordinatoren«.

Inzwischen jedoch wurden nach diskreten Konsultationen und einem nicht unkomplizierten Abstimmungsprozeß aus der Gruppe der NuN Ende Mai 1987 einige Delegationsleiter sowie Delegierte zu Koordinatoren ernannt. Diese Ernennung geschah mit Zustimmung von West und Ost; dabei wurde klar, daß oft aus persönlichen Gründen manche NuN-Kandidaten für bestimmte Sachgebiete ausdrücklich vorgezogen wurden und die Kandidaten selbst bestimmte Felder einfach nicht politisch attraktiv fanden. Auf die Weise stellt auch die Berufung der Koordinatoren eine nicht zu unterschätzende Kompromißleistung dar. Sowohl die westlichen wie östlichen Delegationen haben ihre Zufriedenheit mit der Auswahl der Koordinatoren und ihrer Arbeit bekundet.

Folgende Koordinatoren wurden berufen:
- für militärische Sicherheit (Korb I) der finnische Delegationsleiter Botschafter Reimaa;
- für Prinzipien (Korb I) der österreichische Delegationsleiter Botschafter Torovsky;
- für Korb II der Schweizer Delegierte Clavell;
- für Mittelmeerfragen der Schweizer Delegierte Joseph;
- für Korb III der schwedische Delegierte Eliasson;
- für «Folgen der Konferenz» der jugoslawische Delegierte Vukovic.

Zunächst präsidierten die Koordinatoren lediglich der fortgesetzten Präsentation westlicher und östlicher Vorschläge. Gleichzeitig versuchten sie aber, wenngleich noch nicht mit Erfolg, hinter den Kulissen allmählich Annäherungen zwischen den unterschiedlichen Positionen herauszuarbeiten, die Fülle der Vorschläge zu sichten und solche zu denselben Themen zusammenzufassen. Allein in Korb III war es schon vor der Sommerpause 1987 noch möglich, ein erstes zusammenfassendes Papier vorzulegen. Die Delegationen Österreichs und der Schweiz hatten noch am Tag vor dem ursprünglichen Zieldatum für den Abschluß der Konferenz, dem 31. Juli 1987, ein Non-paper eingebracht, das alle bisher eingebrachten Vorschläge zu den vier Abschnitten des Korbes III zu berücksichtigen versuchte und vernünftige Kompromißlösungen anbot. Auf der Grundlage dieses Papiers war es dann im September – nach der knapp siebenwöchigen Sommerpause – möglich, die eigentliche Redaktionsarbeit aufzunehmen. Da sich die sieben östlichen Delegationen zunächst dagegen sträubten, dieses Papier als Verhandlungsgrundlage zu akzeptieren – zu Recht bewerteten sie es als ein eindeutig westlich geprägtes Dokument – nahm auch hier der konkrete Einigungsprozeß viel Zeit in Anspruch, ehe ein einziger Satz für das Schlußdokument als »vorläufig vereinbart« erklärt werden konnte. In KSZE-Verhandlungen gilt der Grundsatz »nothing is agreed until everything is agreed«. Das heißt mit anderen Worten, erst buchstäblich am letzten Tag, wenn alle – bis dahin lediglich vorläufig vereinbarten – Texte gleichzeitig und gemeinsam auf dem Verhandlungstisch liegen, wird der Gesamtkonsens über das Schlußdokument festgestellt.

Die Koordinatoren –
die Kärrner der Konferenz

12

Die Koordinatoren machten den wahrhaft heroischen Versuch, die Ausarbeitung eines Entwurfes für das Wiener Schlußdokument durch Vermittlungstexte voranzutreiben. Mit beharrlicher Arbeit legten sie immer wieder Formulierungen zu einzelnen Bestimmungen ebenso wie zu ganzen Abschnitten ihres Sachgebiets vor, berücksichtigten dabei vor allem im vertraulichen Kontakt erhaltene Textanregungen von allen Delegationen aus Ost und West, aber naturgemäß auch von den interessierten NuN. So war es möglich, daß Koordinatoren Vorschlagselemente, die östlichen oder westlichen Ursprung hatten, als eigene vorbrachten und es damit der jeweiligen Gegenseite ermöglichten, ohne Gesichtsverlust Texte zu akzeptieren. Auf die Weise wurde das altbekannte »Demandeur-Dilemma« vermieden: kein Verhandler will als der Fordernde erscheinen, um nicht Zugeständnisse zur Erlangung seines Zieles machen zu müssen. Diese Methode hat sich wie schon auf den früheren KSZE-Treffen sehr bewährt. Das noch in der Anfangsphase der Redaktionsarbeit bei einigen Delegationen in West und Ost vorhandene gegenseitige Mißtrauen führte zuweilen zu absurden Reaktionen. Zwei Verhaltensmuster kehrten regelmäßig wieder: Zum einen war es für einige westliche Delegierte, die noch sichtbar vom West-Ost-Gegensatz in einer manichäischen Vorstellung verfangen waren (im Westen das Licht – im Osten das schwärzeste Dunkel), unmöglich, irgendeinen östlichen Vorschlag – in welcher Formulierung auch immer – anzunehmen, ohne zumindest kosmetische Änderungen vorzunehmen, damit sich dann sagen ließe, der Westen habe einen östlichen Vorschlag entscheidend modifiziert oder gar im Sinne westlicher Werte »umfunktioniert«. Zum anderen – und da setzt elementare Logik oder der gesunde Menschenverstand aus – überprüften dieselben westlichen Delegierten westliche Vorschläge noch einmal besonders eingehend, wenn der Osten sie überraschend ohne eigene Änderungsverlangen »tel quel« akzeptierte. Begründung für ein solches Verhalten: Ein westlicher Vorschlag kann nicht gut sein, wenn der Osten ihn ohne weiteres annimmt. Daher sei besondere Vorsicht nötig und u. U. sogar Rücknahme des eigenen (!) Vorschlages zu erwägen. Eine solche Einstellung zum Verhandlungsprozeß war kaum geeignet, zur Beschleunigung des

Wiener Treffens beizutragen. Doch die Koordinatoren taten, was sie konnten, und richteten kleinere Kontaktgruppen, oft mit verschiedenen Bezeichnungen, etwa »coffee groups« oder »task forces« ein, die aber alle denselben Zweck hatten, nämlich in einem überschaubaren Kreis mit möglichst wenigen Verhandlungsbevollmächtigten aller Gruppen informell die Redaktionsarbeit zu intensivieren.

Die von den Koordinatoren gefertigten Non-Papers erfuhren viele Zwischenstadien und enthielten – mangels ausreichender Annäherungen zwischen West und Ost – noch viele Lücken oder längst noch nicht akzeptable Kompromißformulierungen. Der allzu zähe Fortgang in der gemeinsamen Arbeit wurde allseits als unbefriedigend betrachtet und führte wiederholt zu Versuchen, mit Initiativen zur Prozedur die Immobilität in der Substanz auszuräumen. Der sowjetische Delegationsleiter Botschafter Kaschlew verstand es besonders gut, Ideen zur Prozedur zu lancieren und sie zugleich als großartiges, konstruktives Verhandlungsgebaren der Sowjetunion gegenüber den Medien zu »verkaufen«. Doch konnte ihm nicht unterstellt werden, daß es ihm nicht auch ernsthaft um die Beschleunigung der Verhandlungen ginge. Die westlichen Delegationen reagierten auf solche Initiativen oft umständlich und mißtrauisch. Sie analysierten korrekt, daß Verhandlungsfortschritte vor allem auf Entgegenkommen in der Sache beruhen müßten und Prozedurvarianten davon nicht ablenken dürften. Doch stellte sich im Laufe der gründlicher werdenden Redaktionsarbeit heraus, daß flexible Verfahrensweisen zur schnelleren und besseren Verständigung über sachliche Gegensätze und zur erfolgreichen Suche nach Kompromissen beitragen können.

Durchbruch im Frühjahr 1988 – der neutrale Entwurf für ein Schlußdokument

Bis zum Frühjahr 1988 war es endlich möglich, einen Überblick über die schon konsensreife Verhandlungsmaterie zu gewinnen und gleichzeitig die Zahl verbleibender Streitfragen beträchtlich zu vermindern. Davon ermutigt, wenn nicht gar beflügelt, beschlossen die NuN-Delegationen, die Ausarbeitung eines ersten umfassenden Entwurfes für ein Schlußdokument in Angriff zu nehmen. Dies taten sie sowohl vor Ort in Wien als auch in ihren Hauptstädten; besonderes Verdienst für diesen Entschluß kommt dem Staatssekretär im Schweizer Außenministerium, Edouard Brunner, zu. Brunner, selbst ein KSZE-Veteran, sah die Zeit gekommen, die Stagnation auf dem Wiener Treffen mit einem energischen Schritt der NuN zu überwinden, und fand die Unterstützung seiner Kollegen in der Gruppe der NuN. Damit nahmen die NuN einmal mehr die ihnen im KSZE-Prozeß zugedachte Rolle der Vermittlung in hervorragender Weise wahr. Um ihrer Initiative besonderes Gewicht zu verleihen, kamen die Außenminister der NuN-Staaten alle persönlich nach Wien und legten dort gemeinsam am 13. Mai 1988 einen imponierenden Gesamtentwurf für ein Schlußdokument (WT 137) vor. Dieser Entwurf wurde grundsätzlich von West und Ost positiv beurteilt; natürlich bedurfte er gründlicher Prüfung, zumal zu wesentlichen Streitfragen einige noch längst nicht zufriedenstellende »Platzhalter«-Texte aufgenommen worden waren. Insgesamt besaß WT 137 aber ein hohes Anspruchsniveau, vor allem auf dem Gebiet der Menschenrechte, und vermochte es, im Interesse gleichgewichtiger Berücksichtigung der verschiedenen Anliegen, auch den östlichen Forderungen, wenngleich bei weitem nicht so verbindlich formuliert, einigermaßen gerecht zu werden.

Der NuN-Entwurf erwies sich als Wendepunkt des Wiener Treffens; er machte es für alle Delegationen, besonders für die sowjetische zu den Menschenrechtsfragen, erforderlich, »frische Weisungen« zu erbitten, und erlaubte die erneute Überprüfung von festgefahrenen Positionen. Hierzu waren die reformorientierten Mitgliedstaaten des Warschauer Pakts durchaus bereit. Allerdings machte Rumänien große Schwierigkeiten mit der Ankündigung, nur einen Monat nach Vorlage des Gesamtentwurfs, es lehne wesentliche Bestimmungen zu den Menschenrechten und zum Korb III ab. Die

Gefahr einer Konferenzkrise drohte. Nachhaltigen Vermittlungsbemühungen des österreichischen Delegationsleiters Botschafter Torovsky war es zu verdanken, daß die rumänische Veto-Drohung den Verhandlungsgang letztlich nicht aufhielt, obgleich für einige quälende Wochen die mit der Einführung von WT 137 gewonnene Dynamik der Konferenz empfindlich gebremst wurde.

Im Vergleich zum Wiener Schlußdokument erfuhr der Entwurf der NuN trotz weiterer Zwischenentwürfe – sei es durch die Koordinatoren oder durch die NuN als Gruppe – kaum noch wirklich wesentliche Zusätze oder Modifizierungen.

Kampf um Konsens

14

manche meinen
lechts und rinks
kann man nicht velwechsern.
werch ein illtum!

Ernst Jandl

Zunächst jedoch, zum eigentlichen Beginn der Verhandlungsarbeit im Herbst 1987 und mehr noch in der ersten Jahreshälfte 1988, entwickelte sich streckenweise eine gereizte Atmosphäre in Wien. Allgemein war erwartet worden, daß sich die günstige Gesamtlage im West-Ost-Verhältnis (u.a. die amerikanisch-sowjetischen Gipfeltreffen, das INF-Abkommen zwischen den Supermächten vom 10. Dezember 1987, der Besuch von SED-Generalsekretär Honecker in der Bundesrepublik Deutschland, das Afghanistan-Abkommen sowie der Beginn des Abzuges sowjetischer Truppen und schließlich die stärker werdenden Reformbestrebungen in der Sowjetunion, in Ungarn und Polen) auch positiv und zügig auf den Verhandlungsfortschritt in Wien auswirken und zu entsprechend ehrgeizigen Neuverpflichtungen, besonders auf dem Gebiet der Menschenrechte, führen würde.

Doch verhinderten zwei deutlich gegenläufige Tendenzen die schnelle Vereinbarung von Textelementen für das künftige Schlußdokument: Einerseits machte sich der erwünschte »trickle-down effect« der vor allem aus Moskau kommenden guten Vorsätze (Glasnost und Perestrojka) nur sehr langsam bemerkbar. Das Verhandlungsverhalten der sowjetischen Delegation war wohl erst im Frühjahr 1988 in der Substanz beweglicher und den westlichen Menschenrechtsvorstellungen eher entgegenkommend. Davon ist zu unterscheiden, daß – wie bereits beschrieben – der sowjetische Delegationsleiter Botschafter Kaschlew immer wieder mit Geschick und öffentlichkeitswirksamem Auftreten Vorschläge zur prozeduralen Beschleunigung der Verhandlungsarbeit vorbrachte, worauf die 17 westlichen Delegationen nicht immer ebenso wirkungsvoll reagierten und es auch nicht vermochten, gegenüber den Medien klarzustellen, daß auch die flexibelsten Verfahrensmethoden nicht weiterführen können, wenn in der Sache von östlicher Seite nicht auf die westlichen Vorschläge, die noch dazu weitgehend die Unterstützung der westlichen Neutralen genossen, eingegangen werden würde. Andererseits schraubten aber einige westliche Teilnehmerstaaten im Laufe des Wiener Treffens ihre Ansprüche immer höher. Vor allem die drei angloamerikanischen Teilnehmerstaaten verlangten anspruchsvollere Neuverpflichtungen im Bereich der Menschenrechte. Bei der amerikanischen Delegation spielte hierbei die KSZE-Kommission des amerikanischen Kongresses eine von anderen westlichen Delegationen nicht immer als konstruktiv empfundene Rolle. In der amerikanischen Delegation war die KSZE-Kommission u.a. mit einem stellvertretenden Delegationsleiter im Rang eines Botschafters – der persönlich und professionell hoch angesehene Sam Wise – vertreten. Auch aus der Sicht der neutralen Delegationen war erkennbar, daß die KSZE-Kommission mindestens seit Vorlage des NuN-Gesamtentwurfs für ein Schlußdokument im Mai 1988 eine insgesamt eher bremsende Rolle spielte. Im Verlauf des gesamten Wiener Treffens tauchten immer wieder Mitglieder der KSZE-Kommission für ein bis zwei Tage in Wien auf, gaben kämpferische Erklärungen ab und trafen mit östlichen Delegationen zusammen, um vor allem auf die Lösung aktueller Menschenrechtsfälle zu drängen. Während auch alle anderen westlichen Delegationen in mannigfaltiger Weise, diskret oder durch Vorsprache von Menschenrechtsorganisationen, die Lösung von humanitären Härtefällen ebenfalls anstrebten und erfreulicherweise nicht selten erreichten, war das ausschließlich auf den Menschenrechtsteil des KSZE-Prozesses fixierte Verhalten der Mitglieder der KSZE-Kommission nicht so offensichtlich und so schnell für die direkte Lösung solcher Fälle förderlich. Zweifellos waren die Mitglieder von sehr berechtigten Forderungen motiviert, die z. T. in ihren Wahlkreisen zu Hause oder durch die wirkungsvolle Lobby-Arbeit von Menschenrechtsorganisationen in Washington erhoben worden waren. Man kann es selbstverständlich einem auf Wiederwahl bedachten Abgeordneten nicht verdenken, auf Wählerstimmen zu hören; doch praktisch wirkte sich das in Wien so aus, daß für alle anderen Delegationen eine schwer verständliche Verwischung der Grenzen von Exekutive und Legislative in der US-Delegation festzustellen war. Hier war auf Seiten der westlichen Partner der USA viel Geduld und guter Willen nötig, um die oft plötzlich von einen Tag auf den anderen geäußerten amerikanischen Nachbesserungswünsche zum vorher längst umfassend diskutierten und ausgearbeiteten westlichen Vorschlagspaket zu den Menschenrechten noch in einer alle Seiten einigermaßen angemessen befriedigenden Form zu berücksichtigen.

Darüber hinaus war bei der Behandlung von mehreren westlichen Vorschlägen zu beobachten, daß einige – wenn nicht sogar die meisten – westliche Partner aus Solidarität oder falsch verstandenem Kosenswillen den energisch vorgetragenen, aber substantiell mit Sicherheit nicht durchsetzbaren

Forderungen von einzelnen Partnern nachgaben und sich damit für lange Zeit, ja in einigen Fällen bis zum Abschluß des Wiener Treffens, insofern Fesseln anlegten, als sie von ihren Partnern aus der einmal gegebenen Zustimmung schließlich erst kurz vor Konferenzschluß entlassen wurden, als eingesehen werden mußte, daß bestimmte Maximalforderungen nicht nur nicht beim Osten, sondern auch bei dem mit dem Westen gerade im Menschenrechtsbereich eng verbundenen westlichen Neutralen einfach nicht konsensfähig waren. Die manchmal sture Uneinsichtigkeit solcher westlicher Partner hat wiederholt das Klima interner westlicher Beratungen belastet und sogar zu – allerdings schnell wieder vergehenden – persönlichen Animositäten zwischen sonst beherrscht und freundlich miteinander umgehenden Delegationsleitern geführt. Hier stellte sich nicht selten die allgemein menschliche Wahrheit heraus, daß auch erfahrene, hochrangige Diplomaten normale menschliche Schwächen wie etwa Eitelkeit oder mimosenhafte Reaktionen in Drucksituationen nicht verleugnen können. Aber die Botschafter waren dazu imstande, sich nach einiger Zeit, oft erst durch Vermittlung besonnener Kollegen, wieder zu vertragen. Ernster ist die grundsätzliche Beobachtung zu nehmen, daß auf dem Wiener Treffen mehr Zeit und Aufwand für die innerwestliche Verständigung nötig war als für die Herstellung des West-Ost-Konsenses. Darin mag der »Preis der Vielfalt« zu sehen sein, den der Zusammenschluß von freien Demokratien gerne entrichtet. Doch erinnerte der nicht selten scharfe Stil der Auseinandersetzung zwischen den westlichen Partnern an Heinrich von Kleists Zeilen:
»Hättet ihr halb soviel, als jetzo, einander zu stürzen,
Euch zu erhalten getan: glücklich noch wärt ihr und frei.«
Gegenüber der KSZE-Konzeption der KSZE-Kommission des amerikanischen Kongresses versuchten die meisten europäischen Delegationen immer wieder klarzumachen, worum es ihnen im KSZE-Prozeß geht, nämlich um die ausgewogene und substantielle Fortentwicklung des gesamten Beziehungsgeflechts zwischen West und Ost. Wie im Geschäftsleben kann eine vertragliche Vereinbarung nur dann auf Dauer Bestand haben und von den Vertragspartnern uneingeschränkt beachtet werden, wenn diese Vereinbarung nicht nur einem Partner Nutzen bringt, sondern auch dem anderen Vorteile verspricht. Dasselbe gilt für die langfristigen Wirkungen des KSZE-Prozesses. Westliche Wünsche werden letztlich nur Aussicht auf Erfüllung haben, wenn auch die östlichen KSZE-Teilnehmer ihre Belange angemessen berücksichtigt sehen. Es hilft nichts zu sagen, wie es rhetorisch brillant und sachlich überzeugend vor allem der kanadische Delegationsleiter Botschafter William Bauer tat, daß die Menschenrechte nicht Ergebnis kooperativer Vereinbarungen sind, sondern dem einzelnen Bürger unmittelbar – als vorstaatlich gegebenes Recht – zustehen. Denn: Menschenrechtsverletzungen von Seiten einiger Regierungen und anonymer Verwal-

tungsbehörden in bestimmten östlichen Staaten werden nicht durch klaren und sofort vollstreckbaren Richterspruch geahndet und wiedergutgemacht, sondern nur freiwillige Handlungen dieser Regierungen, oft auch durch öffentlichen Druck hervorgerufen, konnten die volle Achtung der Menschenrechte wiederherstellen. So banal es klingt, angesichts des grundlegenden Prinzips zwischenstaatlicher Beziehungen, der unantastbaren Souveränität der einzelnen Staaten, lassen sich praktische Beachtung und konkrete Verwirklichung der Menschenrechte nicht im Gegeneinander der Regierungen, sondern allein im gemeinsamen Zusammenwirken erreichen (nichts anderes ist die Philosophie des Korbes III!).

Erfolg für die Menschenrechte

Unabhängig von den »Sonderwünschen« der amerikanischen Delegation hatte der Westen bereits das nach Anspruch und Umfang in der KSZE-Geschichte wohl ehrgeizigste Vorschlagspaket zur Menschlichen Dimension eingebracht und konnte es letztlich in Wien auch mit Erfolg durchsetzen. Insbesondere gelang es, neue Bestimmungen zur Religionsfreiheit, zur Meinungsfreiheit, zur Freizügigkeit und zu den Rechten von Minderheiten in kaum abgeschwächter Form in das Wiener Schlußdokument aufzunehmen. Die Durchsetzung dieser Bestimmungen war auch der tatkräftigen Unterstützung der Delegationen der NuN-Gruppe zu verdanken; zudem haben auch die Koordinatoren trotz ihrer Verpflichtung zur Unparteilichkeit ihre Herkunft nicht verleugnet und in ihren Vermittlungspapieren die Substanz westlicher Menschenrechtsideen weitestgehend zu bewahren vermocht.

Das zentrale Wiener Ergebnis auf dem Gebiet der Menschenrechte ist die Vereinbarung eines mehrstufigen Konsultations- und Kontrollmechanismus zur Menschlichen Dimension. Ziel dieses Mechanismus, den die westlichen Staaten in seinen wesentlichen Elementen im Vorschlag WT 19, dem westlichen »Flaggschiff«, umrissen hatten, ist es, die Ausgewogenheit der KSZE-Fortentwicklung zwischen militärischem Teil und der Menschenrechtskomponente zu gewährleisten. Der Mechanismus zur Menschlichen Dimension stellt die kontinuierliche Befassung mit Menschenrechten im KSZE-Rahmen sicher. Er verpflichtet die TNS dazu, auf Informationsersuchen anderer Staaten zu antworten und auf Verlangen bilaterale Treffen zur Erörterung menschenrechtlicher Fragen, einschließlich konkreter Fälle, abzuhalten. Ferner bietet der Mechanismus den TNS die Möglichkeit, solche Fälle, zumal wenn sie bilateral noch nicht befriedigend gelöst werden konnten, den anderen 33 TNS zur Kenntnis zu bringen und schließlich auch die sog. Konferenz über die Menschliche Dimension ebenso wie kommende Folgetreffen (das nächste in Helsinki 1992) damit zu befassen. Im Rahmen der Konferenz über die Menschliche Dimension, die die Durchführung von KSZE-Vereinbarungen zu den Menschenrechten und auch die Funktionsfähigkeit des beschriebenen Mechanismus überprüfen und darüber hinaus neue Maßnahmen auf dem Gebiet der Menschenrechte ausarbeiten soll, sind drei Treffen, jeweils mit vierwöchiger Dauer, vereinbart worden: in Paris 1989, in Kopenhagen 1990 und in Moskau 1991. (Zur Streitfrage »Konferenzort Moskau« wird später noch eingegangen). Der Mechanismus, das Herzstück des KSZE-Menschenrechtsanspruchssystems, hat schon im Jahr nach dem Wiener Abschluß und auf dem Treffen in Paris (Mai – Juni 1989) seine praktische und zukunftsorientierte Bedeutung erwiesen und verdient gründliche Beachtung und Analyse.

Menschliche Dimension der KSZE

Die Teilnehmerstaaten,
Unter Hinweis auf die in der Schlußakte und in anderen KSZE-Dokumenten eingegangenen Verpflichtungen betreffend die Achtung aller Menschenrechte und Grundfreiheiten, die menschlichen Kontakte und andere Fragen von gleichfalls humanitärer Art,
In Erkenntnis der Notwendigkeit, die Durchführung ihrer KSZE-Verpflichtungen und ihre Zusammenarbeit auf diesen Gebieten, auf die im folgenden als menschliche Dimension der KSZE Bezug genommen wird, zu verbessern,
Haben auf der Grundlage der Prinzipien und Bestimmungen der Schlußakte und anderer einschlägiger KSZE-Dokumente beschlossen,
1. Informationen auszutauschen sowie Informationsersuchen und Vorstellungen, die von anderen Teilnehmerstaaten zu Fragen der menschlichen Dimension der KSZE an sie herangetragen werden, zu beantworten. Solche Mitteilungen können auf diplomatischem Wege übermittelt oder an jede für diese Zwecke bestimmte Stelle gerichtet werden;
2. bilaterale Treffen mit anderen Teilnehmerstaaten, die darum ersuchen, abzuhalten, um Fragen, betreffend die menschliche Dimension der KSZE, einschließlich Situationen und konkreter Fälle, mit dem Ziel ihrer Lösung zu prüfen. Zeit und Ort solcher Treffen werden in gegenseitigem Einvernehmen auf diplomatischem Wege vereinbart;
3. daß jeder Teilnehmerstaat, der es als notwendig erachtet, Situationen und Fälle, die unter die menschliche Dimension der KSZE fallen, einschließlich jener, die bei den in Absatz 2 beschriebenen bilateralen Treffen angesprochen werden, anderen Teilnehmerstaaten auf diplomatischem Wege zur Kenntnis bringen kann;
4. daß jeder Teilnehmerstaat, der es als notwendig erachtet, bei den Treffen der Konferenz über die Menschliche Dimension wie auch bei den KSZE-Hauptfolgetreffen über den Informationsaustausch

und die auf seine Informationsersuchen und Vorstellungen erfolgten Antworten (Absatz 1) und über die Ergebnisse der bilateralen Treffen (Absatz 2) Informationen zur Verfügung stellen kann, einschließlich von Informationen über Situationen und konkrete Fälle.
Die Teilnehmerstaaten beschließen ferner, eine Konferenz über die Menschliche Dimension der KSZE einzuberufen, um weitere Fortschritte bei der Achtung aller Menschenrechte und Grundfreiheiten, bei den menschlichen Kontakten und anderen Fragen von gleichfalls humanitärer Art zu erzielen. Im Rahmen der Konferenz werden vor dem nächsten KSZE-Folgetreffen drei Treffen abgehalten.
Die Konferenz wird
– Entwicklungen in der menschlichen Dimension der KSZE, einschließlich der Durchführung der einschlägigen KSZE-Verpflichtungen, überprüfen;
– das Funktionieren der in den Absätzen 1 bis 4 beschriebenen Verfahren überprüfen und die gemäß Absatz 4 gegebenen Informationen erörtern;
– praktische Vorschläge für neue Maßnahmen prüfen, die auf bessere Durchführung der Verpflichtungen bezüglich der menschlichen Dimension der KSZE und auf größere Wirksamkeit der in den Absätzen 1 bis 4 beschriebenen Verfahren abzielen.
Auf der Grundlage dieser Vorschläge wird die Konferenz die Annahme neuer Maßnahmen in Erwägung ziehen.
Das erste Treffen der Konferenz wird vom 30. Mai bis 23. Juni 1989 in Paris stattfinden.
Das zweite Treffen der Konferenz wird vom 5. bis 29. Juni 1990 in Kopenhagen stattfinden.
Das dritte Treffen der Konferenz wird vom 10. September bis 4. Oktober 1991 in Moskau stattfinden.
Tagesordnung, Zeitplan und andere organisatorische Modalitäten sind in Anhang X enthalten.
Das nächste KSZE-Hauptfolgetreffen, das ab 24. März 1992 in Helsinki stattfindet, wird das Funktionieren der in den obenstehenden Absätzen 1 bis 4 angeführten Verfahren und die bei den Treffen der Konferenz über die Menschliche Dimension der KSZE erzielten Fortschritte bewerten. Es wird Wege zur weiteren Stärkung und Verbesserung dieser Verfahren prüfen und entsprechende Beschlüsse fassen.
Die neuen Menschenrechtsverpflichtungen von Wien sind den östlichen Staaten nicht leicht und schnell abgerungen worden. Der noch neue und ungewohnte Pluralismus im Warschauer Pakt hat mitunter zu einer beschränkten Verhandlungsfähigkeit der sieben WP-Staaten geführt. Die 17 westlichen TNS waren weit besser imstande, ihre Auffassungsunterschiede dank

intensiver Abstimmungsprozeduren im Rahmen der EPZ und der NATO zu klären, da diese Unterschiede substantiell keineswegs je so tief gingen, wie es inzwischen bei den sieben östlichen TNS der Fall war. Dort gab es Vorreiter des Fortschritts im Sinne westlicher Gedanken und, am entgegengesetzten Ende des Meinungsspektrums, unflexible Verfechter von orthodox-kommunistischen Positionen. Erst gegen Ende des Wiener Treffens konnten auch den lange widerstrebenden WP-Staaten, vor allem der ČSSR, Rumänien, Bulgarien und der zwar sehr geschickt, nichtsdestoweniger aber in der Sache eher ablehnend agierenden DDR, die großen Zugeständnisse bei Menschenrechten und Menschlichen Kontakten abgerungen werden.

Beim anderen Hauptbereich des Korbes I, der militärischen Sicherheit, ging es zunächst um die Klärung, ob und wie auf der Grundlage des Madrider Mandats die KVAE fortzusetzen sei. Unmittelbar vor Beginn des Wiener Treffens hatte die erste Phase der KVAE mit der Annahme des Stockholmer Dokuments am 22. September 1986 einen zu Recht als Durchbruch bezeichneten Erfolg auf dem Feld der Vertrauensbildung erzielt. Die Frage in Wien war: soll vorerst nur der einigermaßen überschaubare Bereich der Vertrauensbildung fortgesetzt werden, oder soll auch – entsprechend der ausdrücklichen Formulierung im Madrider Mandat (und in der Bezeichnung der KVAE selbst) – die eigentliche Abrüstung zwischen den 35 KSZE-TNS verhandelt werden?

Innerwestlich plädierten die USA eindringlich dafür, die Abrüstung – und zwar ausschließlich die im konventionellen Bereich – allein zwischen den beiden Militärallianzen von West und Ost, also den 16 NATO-Partnern und den sieben WP-Mitgliedern, zu verhandeln. Die USA haben sich auch nicht gescheut, ihre Vorstellungen wiederholt öffentlich zu erläutern. Besonders anschaulich kommen die amerikanischen Argumente in einer Erklärung der Unterstaatssekretärin im State Department, Rozanne Ridgway, vom 25. Juni 1988 (Quelle: US Information Service der US-Botschaft in Wien) zum Ausdruck; sie führte aus:

»Solche Verhandlungen müssen jenen 23 Ländern vorbehalten bleiben, deren Streitkräfte zur Diskussion stehen. Wir erkennen an, daß die Streitkräfte der NuN eine stabilisierende Rolle im europäischen Gleichgewicht der Sicherheit spielen; es liegt nicht in unserem Interesse, wenn diese Streitkräfte reduziert würden. Gleichzeitig möchten wir aber auch nicht, daß die NuN, die keine ›chips‹ auf dem Tisch liegen haben, das Recht zu einer direkten Beteiligung an den Verhandlungen hätten. Wir stellen es unmißverständlich klar: die USA können eine solche Rolle der NuN nicht unterstützen. Unsere Schlußfolgerung: die Verhandlungen über die konventionelle Stabilität müssen gegenüber der KSZE autonom bleiben. Nicht Verhandlungsflexibilität allein ist es, warum wir auf der Autonomie der Verhandlungen über die konventionelle Stabilität bestehen. Die Gewährleistung der Ausgewogenheit von Menschenrechten und Fragen der Sicherheit innerhalb der KSZE ist für uns ein wesentliches Langzeitziel. Wir glauben, daß zwei parallele Sicherheitsverhandlungen innerhalb der KSZE die Konferenz und unsere Bemühungen innerhalb der KSZE auf dem Gebiet der Menschenrechte überfordern würden. Ich bin mir sicher, daß den Anwesenden klar ist, daß die Sowjets schon lange die KSZE zu einer europäischen Sicherheitskonferenz umfunktionieren wollen.«

Dagegen befürwortete Frankreich die mit Madrid begonnene Einbeziehung aller KSZE-Teilnehmer. Darin wurde es vom WP schon im Konferenzvorschlag WT 1 vom 8. 12. 1986 und von den meisten NuN – bemerkenswerte Ausnahme die Schweiz – bestärkt. Die amerikanische Haltung löste bei den Delegationen der NuN-Gruppe nicht geringe Besorgnis aus. Die Diskussion dieser Fragen der militärischen Sicherheit verlief in Wien lange Zeit zäh, kontrovers und heftig. Die Konferenzarbeit in diesem Bereich stagnierte praktisch, bis sich endlich im Juni 1987 die NATO auf einen gemeinsamen Vorschlag einigte. Im Kommuniqué der Außenminister vom 11./12. Juni 1987 wurde die westliche Absicht bekundet, künftig zwei Verhandlungen über militärische Sicherheit im Rahmen des KSZE-Prozesses zu führen. Die Thematik der Vertrauens- und Sicherheitsbildenden Maßnahmen sollte im Kreis der 35 fortgeführt werden. Separat davon abgesetzt sollten Verhandlungen über konventionelle Stabilität zwischen den 23, den NATO- und den WP-Mitgliedstaaten, geführt werden; diesen Verhandlungen sollte hinsichtlich ihres Verhandlungsgegenstandes, des Teilnehmerkreises und des Verfahrens Autonomie zustehen. Wenige Wochen danach, am 10. Juli 1987, brachten die 16 NATO-Partner ihren Gesamtvorschlag zur militärischen Sicherheit, WT 129, in das Wiener Treffen ein. Ebenso wie der wenige Tage später, am 27. 7. 1987, vorgelegte westliche Entwurf für ein Verhandlungsmandat der 23 hat WT 129 die Verhandlungen zur militärischen Sicherheit zweifellos maßgeblich bestimmt. Dies läßt sich auch in einem Detailvergleich der schließlich in Wien angenommenen Vereinbarungen sowohl zu den VSBM wie zu dem Mandat der 23 mit den ursprünglichen westlichen Vorschlägen mühelos feststellen. Die 23 führten vom 17. Februar 1987 bis zum erfolgreichen Abschluß im Januar 1989 ihre »Gespräche«, die in der Sache aber außerordentlich ernsthafte Verhandlungen darstellten. Zunächst traf man sich reihum in den bilateralen Botschaften der 23 und erwarb sich dadurch den Namen »Gypsy-Gruppe«. Später lud der Fürst von Liechtenstein großzügig die 23 dazu ein, ihre Gespräche im Palais Liechtenstein abzuhalten, was zweifellos zur organisatorischen Straffung beitrug. Die Gespräche der 23 waren u.a. deswegen zeitaufwendig und im Ablauf gelegentlich umständlich, weil mit Ausnahme der Delegationen der USA, der Bundesrepublik Deutschland (zuerst geleitet von Botschafter

Citron, dann bis zum Abschluß durch Botschafter Dr. Rüdiger Hartmann) und Italiens alle anderen Teilnehmer bei den Gesprächen mit Mitgliedern der KSZE-Delegationen – den Delegationsleitern selbst oder ihren für die militärischen Fragen zuständigen Mitarbeitern oder Vertretern – repräsentiert waren. Das zog eine große Arbeitsbelastung, ja Überlastung, nach sich und machte die Vereinbarung von Gesprächsterminen, die nicht mit dem offiziellen – und informellen – Sitzungskalender des Wiener Treffens kollidierten, oft außerordentlich schwer.

Nachdem die Neutralen sich lange gegen die Zweispaltung der militärischen Fragen wehrten, schließlich aber nachgaben, war der Weg für die Vereinbarung der Fortführung der KVAE, nun aber mit dem eingeschränkten Thema und Titel: Verhandlungen über Vertrauens- und Sicherheitsbildende Maßnahmen (VVSBM), frei. Der WP hatte zwar verbal die ursprüngliche Haltung der NuN gestützt, frühzeitig aber schon deutlich gemacht, daß er – um der Dringlichkeit der Verhandlungen wegen – auch ein gesondertes Verhandlungsforum der 23 akzeptieren könnte. Neutrale wie östliche TNS haben jedoch in Wien immer wieder ihre dezidierte Ansicht zu Protokoll gegeben, daß sobald wie möglich die beiden nach Wien getrennt laufenden Verhandlungsstränge zur militärischen Sicherheit wieder zusammengeführt werden sollten. Es müsse u. U. bereits auf dem nächsten Folgetreffen in Helsinki (Beginn im Frühjahr 1992) möglich sein, diese Zusammenführung zu diskutieren und ggf. auch zu beschließen.

Die Ausarbeitung des Teiles des Wiener Schlußdokuments, das den Verhandlungsgegenstand der VVSBM zum Inhalt hat, bereitete nach der grundsätzlichen Klärung der Frage der zwei verschiedenen Verhandlungsforen keine größeren Schwierigkeiten mehr, obgleich gemäß schlechter KSZE-Sitten die tatsächliche Umsetzung sachlichen Einvernehmens in schließlich konsensfähige Texte wieder erhebliche Zeit in Anspruch nahm. Von der Sache her war es deswegen kaum problematisch, da die Ergebnisse von Stockholm allseits als gut und ausbaufähig angesehen wurden. Das Stockholmer Dokument hatte u.a. folgende Vereinbarungen zustande gebracht:

– Ausweitung und Definition der Arten anzukündigender militärischer Aktivitäten;
– Obligatorische Einladung von Beobachtern zu anzukündigenden militärischen Aktivitäten von einer bestimmten Größenordnung an (vorher – gemäß Helsinki-Schlußakte – lediglich rein freiwillige Beobachtereinladungen);
– Diskussion um erstmalige Aufnahme von beschränkenden Maßnahmen (»constraints«);
– Vereinbarung von Vor-Ort-Inspektionen ohne Ablehnungsrecht, die weit über alles hinausgeht, was bisher in brüstungsvereinbarungen er-

reicht worden war und zu Recht als prinzipieller Durchbruch angesehen wird.

Voraussetzung für diese beträchtlichen Fortschritte in der Vertrauensbildung war die Bereitschaft der Sowjetunion, aus Interesse am Übergang zu eigentlichen Abrüstungsverhandlungen, zu den Fragen der Verifikation und der militärischen Offenheit im Geiste von Glasnost einen entschiedenen Kurswechsel vorzunehmen. Im Stockholmer Dokument wird entsprechend kategorischen östlichen Forderungen auch die gesamte Problematik des Gewaltverzichts, der als Grundsatz bereits im Prinzipienkatalog der Schlußakte (Prinzip II) enthalten ist, in detaillierten Regelungen behandelt, jedoch nicht unbedingt in der vom Osten gewünschten Form. So wird die Verpflichtung der KSZE-TNS, sich der Androhung oder Anwendung von Gewalt gegen einen anderen Staat zu enthalten, »unabhängig davon, ob sie zu diesem Staat Bündnisbeziehungen unterhalten oder nicht«, als deutliche Absage an die sog. Breschnew-Doktrin bewertet. Schließlich enthält das Stockholmer Dokument eine Paraphrasierung des Menschenrechtsprinzips der Schlußakte; auch hier mag die neue Politik Gorbatschows dem Osten die Annahme dieses vorher als mit dem Inhalt eines Abrüstungsabkommens nicht vereinbar gehaltenen Menschenrechtsthemas erleichtert haben. Für die Zukunft bedeutet dies praktisch, daß künftig im Rahmen der VVSBM Menschenrechtsfragen – und gewiß auch einzelne Menschenrechtsverletzungen – zur Sprache gebracht werden können (so Mitte Dezember 1989 geschehen, als der mörderische Staatsterror Ceausescus von Delegationen aus West, Ost und der Gruppe der NuN angeklagt wurde).

In Wien versuchte der WP wie schon in Madrid vergeblich, in das Mandat der VVSBM u.a. die Ankündigung und Beobachtung selbständiger Aktivitäten der Luft- und Seestreitkräfte sowie die Einbeziehung des Territoriums aller KSZE-Länder, also auch der USA und Kanadas, zu erreichen. Wie bereits früher verlangte der WP die Einbeziehung von taktischen Atomwaffen in das Mandat für die eigentlichen Abrüstungsverhandlungen zwischen den 23, doch ebenfalls vergebens.

Zum Verhältnis der beiden Verhandlungen konnten die anfänglich tiefgreifenden Meinungsunterschiede im westlichen Lager dadurch überwunden werden, daß die USA bereit waren, gewisse Vorkehrungen zur Information der an den Verhandlungen der 23 nicht teilnehmenden Staaten (insgesamt zwölf weitere KSZE-TNS) zu akzeptieren. Mit der Vereinbarung von regelmäßig stattfindenden Informationstreffen wurde dem vor allem von Frankreich verfolgten Verlangen entsprochen, die Einbindung auch der 23er Verhandlungen in den KSZE-Prozeß deutlich zu machen. Hinzu kam die von den NuN gewünschte räumliche und zeitliche Nähe der beiden Verhandlungen. Dies wurde damit sichergestellt, daß beide Verhandlungen, die VVSBM der 35 und die VKSE (= Verhandlungen über Konventionelle

Streitkräfte in Europa) der 23, in der Wiener Hofburg an demselben Tag – nämlich dem 9. März 1989 – aber in verschiedenen, nur unabhängig voneinander zugänglichen Sälen begonnen wurden. Die hochoffizielle Eröffnung in noch einem anderen Prunksaal der Hofburg wurde durch die Außenminister der 35 TNS vom 6./8. März 1989 feierlich vorgenommen: jedoch nicht als KSZE-Veranstaltung, sondern als Einladung des österreichischen Gastgebers. Frankreich gab sich mit diesen eher formal-technischen, aber nicht die Substanz der Verhandlungen betreffenden Bindegliedern zwischen den 35 einerseits und den 23 andererseits zufrieden; es sieht darin eine weit genug gehende »KSZE-Einkapselung« der 23er Verhandlungen und damit auch die angestrebte Abschwächung ihres Block-zu-Block-Charakters. Frankreich hatte sich auch nach langem Widerstreben mit Wien als Konferenzort einverstanden erklärt; ursprünglich plädierte es für Genf, da Wien mit einem »MBFR-Odeur« behaftet sei.

Der lange, zähe Verhandlungsprozeß der 23 führte schließlich zu einem (offiziell am 10., tatsächlich am 14. Januar 1989 paraphierten) Mandat, das als Ziel die Schaffung eines stabilen Gleichgewichts konventioneller Streitkräfte auf niedrigerem Niveau hat. Damit verbunden war der von Frankreich vorrangig betriebene Beschluß, die in Wien laufenden MBFR-Verhandlungen ohne Ergebnis zu beenden; dieses Ende wurde am 2. Februar 1989 vollzogen.

Die Verhandlungen über »Mutual and Balanced Force Reductions« (beiderseitige ausgewogene Truppenreduzierungen) hatten am 30. 10. 1973 begonnen. Von westlicher Seite nahmen USA, Großbritannien, Kanada, Bundesrepublik Deutschland, Belgien, Luxemburg und die Niederlande teil, auf östlicher Seite die Sowjetunion, DDR, ČSSR und Polen. Besonderen Status (mit eingeschränkten Vollmachten) genossen Dänemark, Griechenland, Norwegen und die Türkei (NATO), auf der Gegenseite Bulgarien, Rumänien und Ungarn. Das Verhandlungsziel – Reduzierungen auf einen Gleichstand von je 700 000 Mann Boden- und je 200 000 Mann Luftstreitkräfte – scheiterte letztlich am sog. Datenstreit über die zugrunde zu legenden Zahlenverhältnisse und Kontrollprobleme.

Verhandlungsgegenstand der VKSE sind dagegen alle auf Land stationierten konventionellen Streitkräfte der Teilnehmer; Anwendungsbereich für künftige Vereinbarungen ist das Gebiet vom Atlantik bis zum Ural. Die Kernwaffen, die chemischen Waffen und auch die Seestreitkräfte sollen jedoch ausdrücklich *nicht* behandelt werden. Als Anerkennung des KSZE-Rahmens ist die Erörterung der Fortschritte der 23er Verhandlungen auf dem nächsten Folgetreffen in Hesinki vorgesehen. Bezüglich der Verhandlungsgegenstände hatten die Staaten des WP nachdrücklich auf der Präzisierung bestanden, daß die Verhandlungen alle Arten konventioneller Rüstungen betreffen müßten, auch solche Waffen, die eine zweifache Zweckbestimmung besitzen, d. h. die Waffensysteme für konventionelle und atomare Gefechtsköpfe. Dieses Problem der »Dual Capability« war lange strittig, weil für Frankreich verständlicherweise die Einbeziehung seiner Atomwaffen in ein künftiges Abkommen und somit deren mögliche Reduzierung absolut unannehmbar war. Doch dieses Problem, das der sowjetische Außenminister Schewardnadse als »Frage der Fragen« charakterisierte, fand schließlich eine salomonisch zu nennende Lösung im Mandatstext. Dort heißt es:

»Das Vorhandensein mehrfacher Einsatzfähigkeiten wird kein Kriterium für eine Änderung des Verhandlungsbereiches sein:
– Keine konventionelle Bewaffnung oder Ausrüstung wird als Verhandlungsgegenstand ausgeschlossen, weil sie neben konventioneller andere Einsatzfähigkeiten haben kann. Solche Bewaffnung oder Ausrüstung wird nicht als gesonderte Kategorie herausgestellt;
– Kernwaffen werden nicht Gegenstand dieser Verhandlungen sein.«

Für die USA war im übrigen wichtig, daß die VKSE – im Gegensatz zu den völkerrechtlich unverbindlichen KSZE-Vereinbarungen – einen rechtsverbindlichen Vertrag (Ratifizierungsbedürfnis durch den Senat) abschließen würden; daher heißt es im Mandat:»Die erzielten Vereinbarungen sind international verbindlich. Die Modalitäten für ihr Inkrafttreten werden in den Verhandlungen beschlossen.«

Da dieses Buch vornehmlich dem Wiener Treffen der 35 KSZE-Teilnehmer gewidmet ist, muß die den Mandatsgesprächen der 23 gebührende ausführliche Schilderung (mit all den anderen strittigen Problemen wie z. B. die griechisch-türkische Kontroverse über die Frage der Einbeziehung des türkischen Hafens Mersin in das im Mandat umrissene Anwendungsgebiet in Europa »vom Atlantik bis zum Ural« eines künftigen Abkommens der 23) anderen Veröffentlichungen entnommen werden.

Korb II: Handel und Wandel und noch viel mehr

17

Im Korb II war Ausgangspunkt der Verhandlungen die eigentlich von allen 35, wenn auch mit unterschiedlichen Akzentsetzungen, zumindest deklaratorisch vertretene Auffassung, dieser Bereich der KSZE sei bisher bei weitem noch nicht ausgeschöpft worden. Die östlichen Staaten, aber auch einige NuN und westliche KSZE-Teilnehmer, stellten einen beträchtlichen Nachholbedarf fest. Dies war nicht so sehr auf einen normativen Bedarf gemünzt, sondern auf die konkrete Verwirklichung der bisherigen Korb II-Bestimmungen. Sowohl die Schlußakte von Helsinki als auch das Madrider Schlußdokument enthalten eine Fülle von operativ ergiebigen Vereinbarungen, deren konkrete Ausformulierung und konzeptionelle Vorklärung vor allem der Arbeit der Wirtschaftskommission der Vereinten Nationen für Europa (ECE) in Genf zu verdanken waren. Doch gegenüber der ECE bestand vor allem bei den USA ein sachlich vielleicht nicht gerechtfertigtes Mißtrauen. Die USA zogen es zudem vor, Handel und industrielle Kooperation mit östlichen Ländern eher bilateral zu betreiben als unter der Ägide oder gar »Aufsicht« multilateraler Foren und Vertragsverflechtungen. In Wien bezog sich daher die gemeinsame westliche Verhandlungsführung aktiv vor allem auf die Schaffung besserer geschäftlicher Rahmenbedingungen für die einzelnen Geschäftsleute sowie auf den Zugang zu Informationen und Statistiken im Wirtschaftsleben der östlichen TNS. Diese Bedingungen wurden als unverzichtbar für die wirkungsvolle umfassende wirtschaftliche Zusammenarbeit angesehen. Die nordischen Delegationen in Wien – dazu zählen die neutralen Staaten Schweden und Finnland sowie die westlichen Länder Norwegen, Dänemark und Island (allerdings selten in Wien präsent gewesen) – forderten in Wien vor allem höhere Standards zum Umweltschutz. Diese anspruchsvollen Standards waren jedoch für eine Reihe anderer westlicher Länder und auch für östliche TNS noch nicht akzeptabel. Allgemein wurde zwar die grenzüberschreitende Gefahr der Verschmutzung und Vergiftung der natürlichen Lebensgrundlagen anerkannt, doch blieb es weitgehend bei unverbindlichen Lippenbekenntnissen. Der Grund liegt in dem Mangel an Bereitschaft bei den Industriestaaten, unabhängig davon, ob sie ideologisch eher dem Kapitalismus oder dem Sozialismus zugehören,

Umweltschutzbestimmungen zu akzeptieren, die das wirtschaftliche Wachstum zu bremsen geeignet wären oder unverhältnismäßig hohe Kosten verursachen würden. Es ist geradezu ein Wunder, daß es trotzdem gelang, im Vergleich zu den vorangegangenen KSZE-Dokumenten zum Umweltschutz neue Bestimmungen mit wirklichem Gehalt zu vereinbaren. So wurden weitere Maßnahmen zur SO_2-Reduktion vereinbart und das Programm zur Messung und Bewertung der Übertragung von Luftschadstoffen verstärkt. Ferner wurden Absichtserklärungen abgegeben mit Blickrichtung auf den Beitritt zu Verträgen zum Schutz der Ozonschicht, zur Rahmenkonvention oder einer spezifischen Konvention zum Schutz von internationalen Wasserläufen und Seen. Auch zur Ausarbeitung einer Konvention über Sondermüll und zur Zusammenarbeit bei Industrieunfällen wurde ausdrücklich aufgefordert. Schließlich wurde im Sinne einer Schärfung des Umweltbewußtseins auch einzelnen Personen und nichtstaatlichen Organisationen das Recht an der Mitwirkung beim Umweltschutz eingeräumt. Erstmalig einigten sich die 35 in Wien darauf, auch ein Expertentreffen über Umweltschutz zu veranstalten; auf Vorschlag Bulgariens wurde das Treffen zu dieser Materie nach Sofia (16. 10. bis 3. 11. 1989) vergeben.

Das Hauptinteresse der östlichen TNS blieb in Wien die Ausdehnung der technologischen Zusammenarbeit. Zentraler Kritikpunkt waren die sog. COCOM-Listen, mit denen 17 westliche Länder, darunter Japan, den Export militärisch relevanter Güter in den Osten einschränken. Doch gelang es dem Warschauer Pakt nicht, hierzu in Wien handfeste Zugeständnisse zu bekommen, obgleich deutlich erkennbar innerwestliche Differenzen über Zweckmäßigkeit und Ausmaß solcher Listen zwecks Exporteinschränkung bestanden.

In Wien fand ferner eine durchaus seriöse Diskussion über den Rückgang des Handelsaustausches zwischen Ost und West statt. Östliche Wünsche nach Kapitalanlagen, nach Gewährung unbefristeter Meistbegünstigung oder nach maßgeschneiderter Finanzierung für kleinere und mittlere Projekte (als mögliche Starthilfe für Privatunternehmen) wurden ebenfalls im Wiener Schlußdokument noch nicht berücksichtigt. Lediglich die Gründung von »Joint Ventures«, also von Gemeinschaftsunternehmen zwischen östlichen und westlichen Partnern, wurde als praktisch durchführbare Maßnahme von den Korb II-Verhandlungspartnern anerkannt und beschlossen.

So wirken letztlich die Ergebnisse im Wirtschaftsbereich eher blaß. Westliche Forderungen fanden im Laufe des Wiener Treffens, als sich in einigen osteuropäischen Staaten durchgreifende Änderungen im Wirtschaftssystem vollzogen, wachsende Zustimmung des Ostens, z. B. der Direktzugang zum Verbraucher und damit etwa die Möglichkeit für westliche Geschäftsleute, in östlichen Medien für ihre Produkte zu werben. Unter tätiger Mitwirkung der EG-Kommission (ein Beamter war ständig in Wien als Mitglied der jeweiligen EG-Präsidentschaft) waren die Zwölf die treibende Kraft bei der Ausarbeitung und Verfolgung westlicher Vorschläge. Europäische Identität hatten die Zwölf schon bei der Unterzeichnung der Schlußakte am 1. August 1975 (damals waren sie erst Neun) unterstrichen, als der italienische Ministerpräsident Aldo Moro unter seiner Unterschrift auch die Titulierung »und in seiner Eigenschaft als amtierender Präsident des Rates der Europäischen Gemeinschaften« hinzusetzen konnte. Die hohe Gesamtqualität der EG-Ideen erlaubt es, auf ein Kuriosum hinzuweisen, den formellen EG-Vorschlag WT/E 10 vom 18. 6. 1987, eingebracht in das subsidiäre Arbeitsorgan für die Korb II-Themen. Um auf die Bedeutung der Währungseinheit ECU aufmerksam zu machen, entschlossen sich die Zwölf zu folgender Formulierung:

». . . Die TNS . . . verweisen auf die jüngste Entwicklung beim Gebrauch des ECU im privaten Zahlungsverkehr.« – Sieht man vom EG-Selbstlob für die nützliche Einrichtung ECU ab, ist schwerlich zu erkennen, inwiefern dieser Satz nach KSZE-Regeln ein »weiterführender Vorschlag« sein kann. So läßt sich nur festhalten: auch die große Institution EG ist für die Schwäche zweckferner Selbstbespiegelung anfällig. Unterstützung fand WT/E 10 bei keinem anderen TNS.

Als im Jahre 1988, im ersten Halbjahr unter der deutschen Präsidentschaft, die EG den kühnen Entschluß faßte, bis Ende 1992 den Binnenmarkt vollständig herzustellen, machte sich nicht nur in der öffentlichen Diskussion in Europa wie in Amerika, sondern auch auf dem Wiener Treffen die Befürchtung breit, es könne eine »Festung Europa« entstehen. Schon während des Wiener Treffens nahmen der RGW und die EG Beziehungen auf; gleichzeitig strebten die einzelnen WP-Staaten nach gesonderten Handelsverträgen mit der EG, als erster mit Erfolg Ungarn. Selbstverständlich haben solche konkreten Abmachungen einen weit größeren praktischen Nutzwert für die Beteiligten als im Vergleich dazu viel allgemeiner gehaltene Absichtserklärungen im KSZE-Rahmen. Die Diskussion und die Beschlüsse zum Korb II sind gleichwohl nützlich, da sie den Problemkatalog zu Wirtschaft und Handel detailliert aufgefächert und eine Reihe von Denkanstößen richtungweisender Natur vermittelt haben.

Auch andere Themen des Korbes II waren keineswegs unstrittig zwischen West und Ost, selbst wenn sie im Gesamtzusammenhang dieses KSZE-Sachgebietes nicht so ein großes Gewicht zu besitzen scheinen. Zum Tourismus strebten westliche TNS, angeführt von den Niederlanden, den Abbau von Erschwernissen an. Dank holländischer Hartnäckigkeit ließen sich schließlich Bestimmungen zur allmählichen Abschaffung von Mindestumtauscherfordernissen sowie zum Rücktausch von nichtgebrauchter Landeswährung erreichen. Diesen Bestimmungen setzte vor allem die DDR lange Widerstand entgegen; auch im Korb III (Abschnitt Menschliche Kontakte) wehrte sich die DDR gegen eine in der Substanz schwache Bestimmung und gab praktisch erst am Vorabend der Annahme des Schlußdokuments ihre Zustimmung zu der Vorschrift im Korb III (vgl. dazu weiter unten).

Die jugoslawische Delegation drängte auf Neuverpflichtungen zum Fragenkreis der Wanderarbeit und verfolgte lange das Ziel, alle Bestimmungen zur Wanderarbeit im Korb III unterzubringen. Dagegen sprach sich der Westen deutlich und einmütig aus, weil sich Korb III seiner Entstehungsgeschichte nach auf die Freizügigkeitsprobleme im geteilten Europa konzentriert, vor allem die Zusammenführung der durch den West-Ost-Konflikt unfreiwillig getrennten Familien anstrebt und insbesondere auf die Ausreisefreiheit zielt. Bei Wanderarbeitern ist dagegen die Ausgangssituation eine andere, da diese ihr Ursprungsland aus freien Stücken verlassen und auch dorthin jederzeit zurückkehren können; der Familiennachzug in das Aufnahmeland unterliegt nach westlicher Auffassung daher nicht so sehr menschenrechtlichen als allgemein wirtschafts- und sozialpolitischen Gesichtspunkten, die traditionell im Korb II ressortieren. Doch immerhin erreichte es Jugoslawien, daß die TNS im Wiener Schlußdokument ausdrücklich die »Menschliche Dimension« der Wanderarbeit anerkennen. Dies ist praktisch bedeutsam, weil damit die Möglichkeit geschaffen wurde, auf den drei Treffen der Konferenz über die Menschliche Dimension auch die zweifellos wichtigen Probleme der Wanderarbeit anhängig zu machen.

Auf Betreiben der USA und Kanadas wurden erstmalig stärkere menschenrechtliche Elemente in den Korb II aufgenommen. Diese Entwicklung wurde von westeuropäischen, auch von neutralen Staaten als politische Überfrachtung dieses Korbes eher bedauert. Der Warschauer Pakt wies – weit entschiedener – diese Tendenz als dem Korb II absolut sachfremd zurück. Doch schließlich gab auch hier der Osten in einigen Punkten nach und akzeptierte z. B. eine Vorschrift zu den Kontakten zwischen Wissenschaftlern, die die Bedeutung freier Kommunikation und freien Meinungsaustausches für den wissenschaftlichen Fortschritt betont, die Förderung individueller Kontakte vorsieht und auch in diesem Zusammenhang die Achtung der Menschenrechte und Grundfreiheiten als eine Grundlage für die Verbesserung der internationalen wissenschaftlichen Zusammenarbeit fordert. Während gegen den sachlichen Inhalt einer solchen Vorschrift nichts spricht, bieten sich in der KSZE-Systematik andere, offensichtlich sachgerechtere Plazierungen, z. B. im Menschenrechtsteil von Korb I oder im Abschnitt Bildung (Korb III), an.

Das Thema Mittelmeer

Die Fragen des Mittelmeer-Raums spielten in der KSZE schon immer die Rolle eines von den meisten – in Sonderheit den westlichen – TNS nicht geliebten Stiefkindes. Auch in Wien sind keine wesentlichen Neuerungen zu den vorangegangenen Bestimmungen über das Mittelmeer hinzugekommen.

Das Verlangen einiger ungebundener Staaten nach konkreten Kooperationsprojekten konnte sich nicht durchsetzen. Das Wiener Schlußdokument nimmt lediglich Bezug auf das Seminar über die wirtschaftliche, wissenschaftliche und kulturelle Zusammenarbeit im Mittelmeerraum, das, entsprechend des Madrider Schlußdokuments vom 16. bis 24. Oktober 1984, in Venedig stattfand. Dieses Seminar verabschiedete ein ungewöhnlich umfangreiches Schlußdokument mit einer Vielzahl von Empfehlungen zu sehr unterschiedlichen Sachgebieten, deren tatsächliche Verwirklichung auch in Wien nicht in allen Einzelheiten abzuschätzen möglich war.

Das von der Sowjetunion weiterhin, wenngleich nicht sehr hartnäckig, verfolgte Anliegen der militärischen Sicherheit im Mittelmeer fand ebenfalls keinen konkreteren, verbindlichen Niederschlag im Wiener Schlußdokument, da sich der Westen mit seiner Bewertung, dieses Anliegen überfordere die KSZE, durchsetzte.

Im Kapitel Mittelmeer sind die Leerformeln besonders auffällig, weil die westlichen Teilnehmer in diesem Bereich überhaupt nicht dazu bereit sind, die Tagesordnung der KSZE auszuweiten oder mit neuer komplizierter, weil letztlich auch die nichtteilnehmenden Mittelmeerstaaten einzubeziehender, Kooperation zu belasten.

Anerkannt wurde immerhin erneut das Interesse der nichtteilnehmenden Mittelmeerstaaten an der KSZE und die Notwendigkeit, mit ihnen Kontakte zu verstärken. Auch in Wien war den nichtteilnehmenden Mittelmeerstaaten die Möglichkeit geboten, zum Beginn des Wiener Treffens das Wort zu ergreifen. Die Gelegenheit hierzu nahmen Ägypten, Algerien, Israel, Libanon, Libyen, Marokko, Syrien und Tunesien wahr. Entsprechend der KSZE-Tradition, fand allerdings über die Beiträge dieser Länder keine Aussprache mit ihnen statt, ein Verfahren, das nach Meinung vieler nicht unbedingt höflich, geschweige denn sachdienlich ist. Obgleich zur Mittel-meer-Thematik bereits ein KSZE-Expertentreffen abgehalten worden war, nämlich das in Venedig, beschloß das Wiener Treffen eine weitere Exper-tenkonferenz, die sich den konkreten Aspekten der Zusammenarbeit zum Schutz und zur Verbesserung der mediterranen Ökosysteme widmen soll und in Palma de Mallorca vom 24. September bis 19. Oktober 1990 statt-findet.

Korb III:
Vom Konflikt zur Kooperation
zugunsten der Menschen

Im Korb III geht es um die konkrete, vornehmlich kooperativ ausgerichtete Ausprägung menschenrechtlicher Verpflichtungen: im Bereich der Menschlichen Kontakte, der Information, der Kultur und der Bildung. Von Anbeginn des Wiener Treffens wurden diese Materien zu einem Hauptfeld der West-Ost-Aussprache, im Ton der ursprünglichen Auseinandersetzung der ersten Monate sogar zu einem »Schlachtfeld«. In der Sache unterstützten die westlichen Neutralen, Schweiz, Österreich und Schweden, die westlichen Positionen uneingeschränkt. Finnland tat dies im Ergebnis auch, beteiligte sich aber an der Diskussion und der Ausarbeitung von Vorschlägen nur selten aktiv; dies mag der früher geübten Zurückhaltung in der Parteinahme zwischen West und Ost entsprechen. Die ungebundenen Delegationen hielten sich ebenfalls weitgehend bei der Auseinandersetzung zurück; dies lag jedoch u. a. an ihren personellen Beschränkungen. Sie artikulierten sich gezielt zu Anliegen besonderen nationalen Interesses. Die Vertreter des Vatikans – meist einige renommierte österreichische Universitätsprofessoren auf den Gebieten des Völkerrechts oder der Politikwissenschaft – trugen mit ihrer souveränen Sachkenntnis zum Diskussionsniveau im Korb III (wie übrigens auch zu den Erörterungen im Korb I) erheblich bei und spielten eine wichtige Rolle bei der Ausarbeitung von Vorschlägen im Bereich der Religionsfreiheit, etwa bei den Kontakten von Angehörigen der gleichen Konfession über die Grenzen hinweg.

Nimmt man das Gesamtergebnis der Korb III-Verhandlungen vorweg, läßt sich ohne Einschränkung sagen, daß fast alle westlichen Vorschläge, zusammen mit den sie ergänzenden oder teilweise überschneidenden Vorschlägen der westlichen Neutralen, in das Wiener Schlußdokument Eingang gefunden haben. Gewiß sind manche Vorschläge nur in abgeschwächten oder mit leicht verwässerten Formulierungen durchsetzbar gewesen, aber im wesentlichen blieb der substantielle Gehalt gewahrt: die gefürchteten »Schlupflöcher« konnten gestopft werden, und es gibt kaum mehr »escape clauses«, die den implementierungsunwilligen Regierungen einiger Staaten des Warschauer Pakts Auswege eröffnen, den Verpflichtungen im Wiener Schlußdokument nicht nach Geist und Buchstaben voll zu entsprechen.

Menschliche Kontakte: für Freizügigkeit in ganz Europa

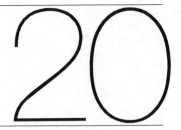

Die Mehrzahl der Wiener Neuverpflichtungen ist im Abschnitt zu den Menschlichen Kontakten enthalten; dies spiegelt auch getreulich die zentrale Bedeutung der Menschlichen Kontakte für die einzelnen Bürger im geteilten Europa – und besonders gravierend im gespaltenen Deutschland – wider. Das Menschenrecht auf Freizügigkeit, das als Ausreisefreiheit im Prinzipienteil des Wiener Schlußdokuments erstmalig im KSZE-Prozeß ausdrücklich formuliert worden ist (und nicht lediglich nur indirekt unter Bezugnahme auf die internationalen Menschenrechtspakte), wird in einer Fülle von Vorschriften konkret auf die tatsächlichen und täglichen Bedürfnisse der an grenzüberschreitenden Reisen und Kontakten interessierten Menschen zugeschnitten.

Am Anfang des operativen Teils im Abschnitt Menschliche Kontakte stehen Vorschriften, die den qualitativen Unterschied zwischen Ausreise und Einreise verdeutlichen. Ausreisefreiheit ist ein völkerrechtlich verbindliches Menschenrecht, während Einreiseanträge grundsätzlich der souveränen Entscheidung potentieller Aufnahmeländer unterliegen und – wie bereits früher ausgeführt – daher nicht denselben Rechtsmitteln bei ablehnenden Bescheiden zugänglich sein können wie staatliche Beschränkungen der Ausreisefreiheit, die nur Ausnahmecharakter besitzen sollen.

Die Bestimmung zur »Restriktion der Restriktionen« der Freizügigkeit (im Korb I/Menschenrechte, Ziffer 21) betritt völkerrechtliches Neuland. Sie lautet:

»Die Teilnehmerstaaten werden gewährleisten, daß die Ausübung der obenstehenden Rechte (= Freizügigkeit, Ausreise, Rückkehr) keinerlei Einschränkungen unterliegt, mit Ausnahme jener, die im Gesetz verankert sind und mit ihren völkerrechtlichen Verpflichtungen, insbesondere dem Internationalen Pakt über bürgerliche und politische Rechte, und mit ihren anderen internationalen Verpflichtungen, insbesondere der Allgemeinen Erklärung der Menschenrechte, in Einklang stehen. Diese Einschränkungen tragen den Charakter von Ausnahmen. Die Teilnehmerstaaten werden dafür sorgen, daß diese Einschränkungen nicht mißbräuchlich und willkürlich angewendet werden, sondern in einer Form, die die wirksame Ausübung dieser Rechte wahrt.«

Im Vergleich zur Schlußakte von Helsinki, zum Madrider Schlußdokument und auch zu dem nichtangenommenen Entwurf für ein Schlußdokument des Berner Expertentreffens über Menschliche Kontakte, enthalten die Wiener Bestimmungen erhebliche Verbesserungen. An erster Stelle sind die spürbaren Fristverkürzungen für Bescheide über Anträge auf Familienzusammenführung (nunmehr drei Monate, im Madrider Dokument noch sechs Monate) und Familienbegegnungen (im Normalfall nur noch ein Monat!) zu nennen. Von zentraler Bedeutung, auch als politisches Signal, ist die Verpflichtung der TNS, innerhalb von drei Arbeitstagen über Reiseanträge aus dringenden humanitären Gründen zu entscheiden, und zwar wohlwollend. Damit sollen Besuche bei schwerkranken oder im Sterben liegenden Familienmitgliedern, Reisen zu Beerdigungen von Familienmitgliedern, aber auch Reisen von Personen, die nachweislich dringend medizinischer Betreuung bedürfen oder kritisch bzw. lebensgefährlich erkrankt sind, möglichst unverzüglich und ohne bürokratische Hemmnisse vonstatten gehen können. In diesem Zusammenhang ist von praktisch nicht zu unterschätzender Bedeutung die »Durchführungsvorschrift«, daß Gebühren für die vorrangige Behandlung dieser Gesuche tatsächlich entstandene Kosten nicht übersteigen. Diese Wiener Verpflichtung ist humanitär so wichtig, daß in der Formulierung, ähnlich wie bei den meisten Vorschriften zur Familienzusammenführung, offengelassen ist, ob es sich lediglich um Ausreiseanträge oder auch um bei solchen dringenden Fällen genauso erforderliche Einreiseanträge handelt. Die Unterhändler in Wien waren sich durchaus der Einreiseimplikationen dieser Vorschrift bewußt. Die Verwaltungsbehörden aller Teilnehmerstaaten, auch jener im Westen, sind gefordert, diese Wiener Bestimmungen großzügig anzuwenden und entsprechende Einreiseanträge aus den geschilderten dringenden humanitären Gründen so schnell wie möglich positiv zu entscheiden. In manchen westlichen und neutralen Ländern wird dies den Behörden leider wohl noch schwerfallen.

Zu den Menschlichen Kontakten sind ferner u. a. folgende Regelungen im Wiener Schlußdokument vereinbart:
- Im Falle der Ablehnung eines Ausreiseantrags, insbesondere aus Gründen der nationalen Sicherheit, muß die Ablehnung begründet und mit einer Rechtsmittelbelehrung versehen werden sowie Berufungsmöglichkeiten bieten (diese Vorschrift ist die auf ein vernünftiges Maß reduzierte Fassung des westlichen Vorschlages WT 132 vom 31. 7. 1987);
- gegenüber Antragstellern ist ein umfassendes Diskriminierungsverbot – in Anlehnung an Vorschriften des Internationalen Paktes über Bürgerliche und Politische Rechte (IPBPR) von 1966, in Kraft getreten 1976 – festgelegt und zudem gewährleistet, daß ein Reiseantrag wegen der

Handlungen von dritten Personen nicht zum Nachteil des Antragstellers zu entscheiden ist (Verbot der »Sippenhaft«);
– Berücksichtigung von Reisewünschen für Familienbegegnungen, insbes. hinsichtlich Zeitpunkt und Dauer der Reisen, auch zum Zweck gemeinsamer Reisen mit anderen Familienmitgliedern;
– rasche Behandlung von Anträgen zur Zusammenführung minderjähriger Kinder mit ihren Eltern;
– neue Detailregelungen zur Freiheit des Post- und Fernsprechverkehrs, u. a. ungehinderte Zustellung und Unantastbarkeit von persönlichen Briefen und Paketen, ungehinderte und nicht abhörbare Fernsprechverbindungen;
– erstmalige Vereinbarung einer Bestimmung zu den Kontakten zwischen Angehörigen von nationalen Minderheiten und Regionalkulturen;
– Ausbau der bisherigen Regelungen für religiöse Kontakte über die Grenzen hinweg auch für individuelle Gläubige sowie die Möglichkeit zu Erwerb und Mitnahme religiöser Publikationen und Objekte.

Weitere Bestimmungen betreffen Verwandtenbesuche ohne Altersbegrenzung; die Fortgeltung von Antragsdokumenten im Falle von Neuanträgen; der Sportaustausch nicht nur auf nationaler, sondern auch auf lokaler Ebene; die Förderung von Städtepartnerschaften; die ganz grundsätzliche Anerkennung der Möglichkeit zu direkten persönlichen Kontakten zwischen den Bürgern aus den verschiedenen TNS und die hierbei ausdrücklich gestattete Unterkunft in Privatwohnungen.

Verhandlungsmarathon in Wien

21

Am Beispiel einer besonders lange und intensiv umstrittenen Vorschrift, der Ziffer 9 im Korb III/Abschnitt Menschliche Kontakte, die zur Respektierung der Wünsche von Antragstellern (bei Familienzusammenführung) bezüglich des Bestimmungslandes, das zu ihrer Aufnahme bereit ist, aufruft, soll einmal veranschaulicht werden, wie viele Zwischenstufen und Varianten ein Textelement des Wiener Schlußdokumentes genommen hat. Die auf Englisch, der »Working Language«, aufgelisteten – noch nicht einmal vollzähligen – Vorschläge zur Ziffer 9 belegen die Dauer der Verhandlung, die aktive Teilnahme von West, Ost, den NuN bzw. dem Koordinator und zeigen – hier besonders in den Vorschlägen der bulgarischen Delegation – wie die Einführung neuer, offensichtlich zur Ablenkung gedachter sachfremder Formulierungen die Konsensbildung unnötig verzögerte. Vom ersten westlichen Vorschlag im Februar 1987 bis zur Annahme im Januar 1989 vergingen fast zwei Jahre; inzwischen wurde der Vorschlag mal monatelang beiseite gelegt, mal innerhalb von zwei bis drei Tagen oder sogar in derselben Sitzung (am 10. 11. 1987) in verschiedenen Textvarianten behandelt. Zum guten Schluß ergibt sich, daß vom sachlichen Gehalt her der ursprüngliche Vorschlag des Westens in das Wiener Schlußdokument Eingang gefunden hat.

Chronik einer Verhandlung

1) Westlicher Konferenzvorschlag vom 17. 2. 1987 (WT 53):
»The Participating States (PS) give primary importance to the wishes of the parties desiring to be reunited, in particular their wishes in regard to the country of settlement which has declared its willingness to accept them, in facilitating the exit of persons for the purpose of family reunification . . .«

2) Non-Paper von Österreich und der Schweiz vom 30. 7. 1987:
»The PS take due account of the wishes of the applicant, in particular with regard

106

– to the country of settlement which has declared its willingness to accept the parties desiring to be reunited in cases of familiy reunification . . .«

3) Mündlicher Vorschlag der Sowjetunion vom 13. 10. 1987:
»The PS, in cases of family reunification or marriages between citizens of different participating States take due account of the wishes of the applicant in particular in regard to the settlement on the territory of the participating State which has declared its willingness to accept the parties desiring to be reunited or married and ensure that persons who have settled permanently on their territories for the above mentioned purposes are provided with the civil, economic, social, cultural and other opportunities equal to those enjoyed by their own citizens.«

4) Vorschlag Kanadas vom 10. 11. 1987:
»The PS, in cases of family reunification or marriages give primary importance to the wishes of the parties with regard to the country of settlement which has declared its willingness to accept them.«

5) Vorschlag Bulgariens vom 10. 11. 1987:
»The PS take due account of the wishes of the bona fide applicant, in particular with regard
– to the participating State which he has declared his willingness to settle in, for familiy reunification or marriages between citizens of different participating States . . .«

6) Erneuter Vorschlag Kanadas am 7. 12. 1987:
»The PS, in cases of family reunification or marriages between citizens of different States give primary importance to the wishes of the parties with regard to the State willing to accept them.«

7) Non-Paper des schwedischen Koordinators vom 18. 12. 1987:
»They will, when considering applications concerning family reunification or marriage between citizens of different States, attach greatest significance to the wishes of the parties concerned in regard to the country of destination, in accordance with the Helsinki Final Act, where they may be reunited or where the married couple may transfer their permanent residence; . . .«

8) Vorschlag der Delegation der Sowjetunion vom 7. 3. 1988:
»They will, when considering applications concerning family reunification or marriage between citizens of different States attach due signifi-

cance to the wishes of the parties concerned in regard to the participating State, where, in accordance with the Helsinki Final Act, they may be reunited or where the married couple may transfer their permanent residence; . . .«

9) Weiterer Vorschlag Kanadas vom 10. 3. 1988:
»They will, when considering applications concerning family reunification or marriage between citizens of different States, respect the wishes of the parties desiring to be reunited, in accordance with the Helsinki Final Act, in particular with regard to the country of destination which has declared its willingness to accept them.«

10) Wiener Schlußdokument vom 15. 1. 1989
(Rdz. 9 im Korb III/Menschliche Kontakte):
»In dealing favorably with applications relating to family reunification or marriage between citizens of different States, they will respect the wishes of the applicants on the country of destination ready to accept them.«

Maximaleinsatz gegen Mindestumtausch

Eine Vorschrift, die erst am Vorabend vor dem Tag der Annahme des Schlußdokuments (am 14. 1. 1989) vereinbart werden konnte, ist die Bestimmung zur schrittweisen Herabsetzung und schließlichen Abschaffung des im normalen Sprachgebrauch so bezeichneten Pflichtmindestumtausches. Die Aushandlung dieses Textes verdient nähere Aufmerksamkeit, da sie ebenfalls Verhandlungsprozeduren in der KSZE deutlich macht.

Mit WT 93 vom 27. 2. 1987 hatten die Delegationen Österreichs und der Schweiz ihren umfassenden Vorschlag zu den Menschlichen Kontakten vorgelegt, der sich in vielen Elementen mit westlichen Ideen deckte oder teilweise sogar über sie hinausging. Dies gilt insbesondere für das Vorschlagselement zum Pflichtmindestumtausch. Obgleich die von den Neutralen in WT 93 gewählte Formulierung keineswegs weit ging, lehnte die hauptsächlich betroffene DDR-Delegation diesen Vorschlag rundweg ab und weigerte sich beinahe zwei Jahre lang, in irgendeine sachliche Diskussion dieser Problematik einzusteigen; sie begründete diese in Wien nur selten eingenommene Haltung totaler Verweigerung damit, daß die DDR aus wirtschaftlichen Gründen für unabsehbare Zeit noch nicht zur Abschaffung des Mindestumtausches imstande wäre und daher die Aufnahme irgendeines auch noch so abgeschwächten Textes in das Wiener Schlußdokument überhaupt nicht in Frage käme. Das hielt die Neutralen jedoch nicht davon ab, zunächst im bereits wiederholt erwähnten schweizerisch-österreichischen Non-Paper vom 30. Juli 1987 und danach in allen Entwürfen des schwedischen Koordinators Eliasson zum Thema Mindestumtausch Formulierungen, die allerdings zusehends an Substanz und Verbindlichkeit verloren, aufzunehmen. Sie fühlten sich durch westliches Beharren auf einer solchen Vorschrift, aber auch durch die überraschende Unterstützung etwa Jugoslawiens darin bestärkt; die anderen Warschauer Pakt-Staaten engagierten sich gar nicht oder nicht sehr überzeugend für die Blockierungstaktik der Delegation der DDR. Die DDR-Delegation verbreitete zudem in Konferenzkreisen das Gerücht, die Bundesrepublik Deutschland – von der Sache her die offensichtlich am meisten betroffene Delegation – würde nicht auf eine Vereinbarung im Wiener Schlußdokument zum Mindestumtausch bestehen. Dieser bewußt im Sommer 1988 verbreiteten Desinformation trat die bundesdeutsche Delegation entschieden entgegen. Die Bundesrepublik nahm zu diesem Thema folgende Haltung ein: wie bei anderen Problemen im Verhältnis zur DDR ist es nicht die Absicht der Bundesrepublik, KSZE-Veranstaltungen für die früher von den anderen TNS ungern gesehenen »querelles allemandes« in Anspruch zu nehmen. Das kann aber nicht die klare Beschreibung von diesen Problemen auch im KSZE-Rahmen hindern; finden sich bei den anderen TNS – nicht nur im Westen, sondern vornehmlich auch bei den Neutralen – überzeugte Verfechter für die Lösung solcher nur zunächst deutschlandspezifisch erscheinender Probleme, ist die Bundesrepublik naheliegenderweise dankbar, daß diese sich solche Probleme zu eigen machen und zu ihrer Lösung mittels der Vereinbarung neuer KSZE-Verpflichtungen beitragen wollen.

Die westlichen Partner haben die besonderen Anliegen der Deutschen auf dem Gebiet der Menschenrechte und der Menschlichen Kontakte stets mitgetragen und unterstützt. Bei den westlichen Korb III-Experten gelang es, in besonderer Weise die innerdeutschen Belange deutlich zu machen. Dank der Initiative des ständigen (und außerordentlich wirkungsvoll mitarbeitenden) Vertreters des Bundesministeriums für Innerdeutsche Beziehungen (BMB) in der bundesdeutschen Delegation wurden alle Experten zu einem verlängerten Wochenende nach Berlin eingeladen. Dort konnten sie sich im Frühsommer 1988 ein eigenes Bild von der Teilung Deutschlands mitten durch die alte Hauptstadt machen. Aufgrund mißverständlicher Formulierungen im Einladungstext sah sich die Sowjetunion sogar veranlaßt, einen offiziellen Protest wegen angeblicher Verletzung des Viermächteabkommens von 1971 an die deutsche Adresse zu richten.

Dem BMB war es auch zu verdanken, daß Anfang August 1989 jene vier Experten aus den westlichen neutralen Ländern, darunter der schwedische Koordinator, ebenso großzügig nach Berlin eingeladen wurden, die hauptverantwortlich für den hohen Standard des Wiener Ergebnisses im Korb III waren. Sie gehören damit zu den letzten Berlin-Besuchern, die mit eigenen Augen die Bitternis der Spaltung sahen. Kaum drei Monate später, in der denkwürdigen Nacht vom 9. auf den 10. November, fiel die Mauer.

Die Neutralen betrachteten die Frage des Mindestumtausches als eine über deutsch-deutsche Belange hinausgehende, für den gesamten KSZE-Teilnehmerkreis erhebliche Problematik. Dementsprechend führten sie ihren Vorschlag zu dieser Materie in Wien ein und bestanden letztlich mit Erfolg auf deren Berücksichtigung im Wiener Schlußdokument. Es war nur natürlich und selbstverständlich, daß die bundesdeutsche Delegation dieses Unterfangen nicht nur dankbar begrüßte, sondern auch aktiv mitbetrieb. Die

DDR mußte ihre Isolierung in diesem besonderen Fall empfindlich spüren und entschloß sich schließlich dazu, kurz vor Konferenzende die letzte Fassung des Koordinators für die Bestimmung über den Mindestumtausch zu akzeptieren. Dies tat die Delegation am Mittwoch, dem 11. Januar 1989, vier Tage vor Annahme des Schlußdokuments. Hierbei ging es zunächst allein um die englische Version, da ja alle Koordinatoren-Papiere nur in der Arbeitssprache Englisch verfaßt waren. Nachdem nun die DDR zur angenehmen Überraschung aller anderen ihre Zustimmung zum Mindestumtauschtext signalisiert hatte, wartete sie jedoch mit einer Überraschung auf. Am Donnerstag (12. 1.) erörterte die deutsche Sprachgruppe (Österreich, Schweiz, Liechtenstein, DDR und der bundesdeutsche Delegierte) erstmalig gemeinsam die deutsche Textfassung. Umgehend verlangte die DDR im ultimativen Ton als Übersetzung für den Begriff »consider« das Wort »prüfen«. Da jedoch im Zusammenhang des Abschnittes Menschliche Kontakte »consider« ganz überwiegend mit »erwägen« übersetzt wird, das im Verpflichtungsgrad deutlich über dem absolut unverbindlichen »prüfen« (= »examine«) liegt, wurde diese Forderung des DDR-Delegierten von allen anderen abgelehnt. Doch bis zum Samstagabend (14. 1.) um 20 Uhr bestand die DDR darauf. Nach naturgemäß nicht bestätigten Informationen aus zwei vertraulichen östlichen Quellen soll der Generalsekretär der SED, Erich Honecker, persönlich – oder das Politbüro – die von der DDR verlangte Formulierung abgesegnet haben. Entsprechend fühlten und zeigten sich die Delegierten der DDR unter Druck. Dieses Problem hielt die technische Herstellung der deutschen Fassung des Wiener Schlußdokuments am Samstagabend auf, so daß alle Delegationen und auch die Medien auf diesen letzten Streitpunkt aufmerksam wurden. Da die Sprachgruppe (u. a. mit den Botschaftern der Schweiz und Liechtensteins sowie später auch mit dem herbeigerufenen schwedischen Koordinator) in der Konferenz-Cafeteria z. T. lautstark verhandelte (am Nebentisch hörten u. a. Journalisten vom »Stern« und des ARD-Fernsehens mit Interesse zu), erregte die Frage beträchtliches Aufsehen. Erst kurz vor 20 Uhr erklärte sich die DDR-Delegation bereit, der DDR-Regierung »in Erwägung ziehen« zu empfehlen, und holte entsprechende Weisung telefonisch ein. Die Konfrontierung der DDR-Delegierten mit dem neuesten Handwörterbuch Englisch/Deutsch aus der DDR (VEB Enzyklopädie Leipzig 1988), das für »consider« eine Fülle von Übersetzungen anbietet, nicht aber »prüfen«, war recht effektvoll und verfehlte auch bei den anderen Teilnehmern in der deutschen Sprachgruppe nicht die gewünschte Wirkung. Die Wiener Bestimmung zum Mindestumtausch besitzt nur einen geringen Verpflichtungsgrad, doch wird es künftig kaum mehr möglich sein, den Mindestumtauschsatz zu erhöhen. Langfristig ist von Bedeutung, daß dieses Problem auf künftigen KSZE-Veranstaltungen zur Menschlichen Dimension anhängig gemacht werden kann. Bereits auf der Konferenz in Paris (30. Mai bis 23. Juni 1989) mußte sich die DDR fragen lassen, inwieweit sie die Möglichkeiten für eine »schrittweise Herabsetzung und schließlich Abschaffung« des Mindestumtausches in Erwägung gezogen habe, und blieb die Antwort schuldig. Hinzu kam ein weiteres KSZE-Novum: im »Neuen Deutschland« wurde das Wiener Schlußdokument wenige Tage nach Abschluß des Treffens nicht nur unvollständig, sondern, was den Mindestumtauschtext anbetrifft, sogar falsch wiedergegeben. Auch in einer späteren offiziellen Publikation der DDR-Regierung war zu lesen: »prüfen«, und nicht das von 35 TNS beschlossene »in Erwägung ziehen«. Auch danach wurde die DDR in Paris gefragt und blieb die Antwort schuldig.

Die deutsche Sprachfassung der Bestimmung zum Mindestumtausch lautet: »Sie werden die Möglichkeiten für eine schrittweise Herabsetzung und schließliche Abschaffung aller etwaiger Erfordernisse an Reisende, Landeswährung über tatsächliche Ausgaben hinaus zu erwerben, in Erwägung ziehen und dabei den Personen den Vorrang geben, die zum Zweck von Familienbegegnungen reisen. Sie werden solchen Personen praktisch die Möglichkeit einräumen, Gegenstände aus ihrem persönlichen Besitz oder Geschenke bei der Ein- oder Ausreise mit sich zu führen.«

Dieses sicherlich untypische, durchaus dramatische Facetten bietende Ringen um die Formulierung zum Mindestumtausch hat im Laufe des Wiener Treffens viele zwar nicht so spektakulär anmutende, aber in der Zähigkeit des Verhandelns ebenbürtige Entsprechungen gefunden. Gerade bei den besonders kontroversen Bestimmungen über Menschenrechte oder Menschliche Kontakte gab es oft über ein Dutzend Textvarianten nach dem Muster: westlicher Vorschlag – östlicher Vorschlag – neutraler Vermittlungstext – erneute westliche Textalternative – wiederum östlicher Gegenvorschlag – neutrale Kompromißformulierung. Dieser Ablauf wiederholte sich mit Abweichungen zu ein und demselben Text über viele Monate hinweg mehrfach. Am gegebenen Beispiel der Chronik einer Verhandlung (zu Ziff. 9 der Menschlichen Kontakte) ließ sich dies bereits belegen. Alle Verhandlungspartner waren dabei so ehrlich, zuzugeben, daß mancher gefundene Text nur dank des diplomatisch-linguistischen Zaubermittels der »constructive ambiguity«, der konstruktiven Zweideutigkeit, zustande kommen konnte. Westliche Protagonisten würden aber stets ungefragt hinzufügen, ihrerseits das ausgeprägte, auch sie natürlich nicht unbeeindruckt lassende KSZE-Harmoniebedürfnis in diplomatischen Duellen zu wirklichen Substanzfragen nie und nimmer in Konzessionen transformiert zu haben.

Konkrete Schritte zur Informationsfreiheit

> Der Wert eines Dialogs hängt vor allem von der Vielfalt der konkurrierenden Meinungen ab. Hätte es den Turm zu Babel nicht gegeben, müßten wir ihn erfinden.
>
> *Karl R. Popper*

Nach westlichem Verständnis gehört zur »Offenen Gesellschaft« unabdingbar Meinungsfreiheit, die wiederum ohne umfassende Informationsfreiheit nicht wirksam ist. Beim Thema Information ging es daher den westlichen und neutralen Staaten darum, die bereits mit der Schlußakte von Helsinki und dem Madrider Schlußdokument erreichten Vereinbarungen weiter auszubauen und zu verbessern, insbesondere auf dem Gebiet der Arbeitsbedingungen für Journalisten. Auch zur Information waren für den Westen die völkerrechtlich verbindlichen Menschenrechtsverpflichtungen zu Beschaffung, Empfang und Weitergabe von Informationen aller Art Ausgangspunkt ihrer praxisbezogenen Vorschläge, für die sich auch die neutralen Staaten ebenso nachhaltig einsetzten.

Das zwischen West und Ost bei weitem strittigste Problem war in Wien die Frage des »Jamming«. Hierbei handelt es sich um die von Seiten östlicher Staaten teilweise über Jahrzehnte hinweg betriebene Störung westlicher Rundfunksendungen, insbesondere jener von »Voice of America«, der von der Bundesrepublik Deutschland ausgestrahlten Programme der amerikanischen Sender »Radio Free Europe« und »Radio Liberty« sowie die Sendungen der Deutschen Welle. Da all diese Rundfunkprogramme in den Landessprachen der östlichen Teilnehmerstaaten ausgestrahlt wurden, waren den Bürgern dieser Länder damit kostbare Informationsquellen gegeben, die nicht von den Kontrollorganen ihrer Regierungen beschnitten oder verfälscht werden konnten. Die östlichen Regierungen begründeten die von ihnen mit großem technischen und finanziellen Aufwand ins Werk gesetzte umfassende Störung solcher aus dem Ausland kommenden Sendungen damit, daß sie falsch informierten, wider Entspannung und Völkerverständigung wirkten und zum Teil sogar subversiv sich in die inneren Angelegen-

113

heiten ihrer Staaten einmischten. Demgegenüber bestanden die westlichen Delegationen auf dem umfassenden Recht jedes mündigen Bürgers, sich aus allen Quellen seiner eigenen Wahl zu informieren und sich aus den oft auch offenkundig widersprüchlichen Nachrichten und Meinungen eine selbständige Auffassung zu bilden. Die amerikanische Delegation, auch hier aus innenpolitischen Motiven stark engagiert, forderte hartnäckig eine Bestimmung zur Beseitigung des »Jamming«, darüber hinaus aber – was zweifellos noch wichtiger war – die tatsächliche Einstellung der östlichen Störungstätigkeiten. Diese wurden noch im Laufe des Jahres 1988 und kurz vor Konferenzende in Wien erfreulicherweise eingestellt. Gleichwohl sollte mit einer Neuverpflichtung hierzu künftigen Rückfällen vorgebeugt werden. Die in den Schlußtagen von Wien gefundene Formulierung begegnet diesen Problemen mit umschreibenden, recht allgemein gehaltenen Wendungen, sollte aber vorerst ausreichen. Die Bestimmung hat folgenden Wortlaut:

»Die Teilnehmerstaaten werden sicherstellen, daß »Rundfunksendungen, die gemäß der Funkordnung der Internationalen Fernmeldeunion (ITU) ausgestrahlt werden, in ihren Staaten direkt und normal empfangen werden können;. . .«

Angesichts fortlaufender grober Behinderungen journalistischer Arbeit in einigen östlichen Staaten waren in Wien mehrere Vorschläge unmittelbar darauf gezielt, den Journalisten in allen Einzelheiten seiner täglichen Berufsausübung Erleichterungen zu verschaffen. Auch diese Vorschläge konnten schließlich weitgehend den Konsens aller, auch der anfänglich negativ eingestellten WP-Delegationen, finden. Hervorzuheben sind folgende neue Bestimmungen:

– Die TNS sehen von einschränkenden Maßnahmen, wie etwa dem Entzug der Akkreditierung eines Journalisten oder seiner Ausweisung wegen des Inhalts seiner Berichterstattung oder der seines Informationsmediums ab;

– Journalisten steht es bei Ausübung ihrer Tätigkeit frei, Zugang zu öffentlichen und privaten Informationsquellen zu suchen und mit diesen Kontakt zu pflegen. Ihr Bedürfnis nach Wahrung des Berufsgeheimnisses wird geachtet;

– Journalisten werden Akkreditierung, sofern erforderlich, und Visa für mehrfache Einreise gewährt. Die Frist für die Erteilung von Akkreditierungen und Visa für mehrfache Einreise wird auf insgesamt höchstens zwei Monate herabgesetzt.

Am Tag der Annahme des Wiener Schlußdokuments und während der drei Tage der Schlußveranstaltung mit den Außenministern der 35 TNS in Wien war schon zu registrieren, daß leider diese frisch vereinbarten Verpflichtungen zur Informationsfreiheit bereits eklatant verletzt wurden: in der Tsche-

114

choslowakei und in Rumänien beispielsweise. Doch dies war und ist das unvermeidliche Mißgeschick der KSZE, daß es kaum je möglich sein wird, von allen TNS gleichzeitig die vollständige Beachtung aller Verpflichtungen zu erreichen. Aber an den mit KSZE-Vereinbarungen geschaffenen Maßstäben können die zur Implementierung noch nicht bereiten oder fähigen Regierungen gemessen und öffentlich zur Rechenschaft gezogen werden. Auch dies trägt zur besseren Verwirklichung der Schlußakte von Helsinki und der ihr folgenden KSZE-Dokumente letztlich bei.

In Wien bestand schnell Einigkeit darüber, auch zum Informationsbereich ein Expertentreffen der TNS zu veranstalten. Das Vereinigte Königreich, unterstützt zunächst von allen EG-Staaten und dann von den anderen westlichen Ländern, lud zu einem Informationsforum nach London teil, an dem auch die Journalisten selbst als Delegationsmitglieder teilzunehmen berechtigt sein sollten (hier stand das Budapester Kulturforum von 1985 Modell). Auch die neutralen und ungebundenen Staaten schlugen ihrerseits ein Informationsforum vor. Die Ausarbeitung von Mandat und Arbeitsmodalitäten für das geplante Treffen vollzog sich besonders problemlos dank früher informeller Kontakte zwischen den Hauptinteressierten aus England, Österreich und dem in diesem Bereich als Hauptsprecher des Ostens firmierenden sowjetischen Experten. Das Forum wurde schließlich nach London (Termin: 18. April bis 12. Mai 1989) vergeben.

Kultur in Europa: Einheit und Vielfalt

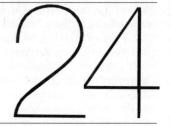

»Kultur ist Reichtum an Problemen.« Dieses Wort von Egon Friedell läßt sich auch auf die Aushandlung des Abschnittes »Zusammenarbeit und Austausch im Bereich der Kultur« von Korb III anwenden. Ursprünglich war es der Osten gewesen, der bei der Ausarbeitung der Schlußakte von Helsinki dieses Gebiet – zusammen mit dem Abschnitt Bildung – in Korb III als Gegengewicht zu den Menschlichen Kontakten und zur Information eingeführt hatte und dabei besonders auf die zwischenstaatliche Zusammenarbeit der Regierungen, möglichst in allen Einzelheiten durch bilaterale Abkommen festgelegt, drängte. Dagegen machte der Westen schon in der Schlußakte und in folgenden KSZE-Dokumenten sein Verständnis von kultureller Freiheit ausreichend deutlich. Im Abschnitt Kultur des Wiener Schlußdokuments gelang es, in Form eines »kumulativen Kompromisses« beiden Seiten Genugtuung zu verschaffen. Die östlichen Partner erreichten eine – über frühere Verpflichtungen allerdings kaum hinausgehende – Bestimmung zur Durchführung aller bilateralen und multilateralen Abkommen sowie die ausdrückliche Anerkennung der Rolle von Kulturinstitutionen, auch staatlichen, bei der Ausarbeitung und Durchführung von konkreten Projekten. Insofern konnten sie sich auf den Satz von Karl Valentin berufen, der sagte: »Kunst ist schön, macht aber viel Arbeit.«

Diese Arbeit wollte jedoch der Westen vor allem den einzelnen Künstlern und »Kulturschaffenden« (horribile dictu – ein typisches abschreckendes Beispiel für den KSZE-Jargon) sowie den nichtstaatlichen Organisationen überlassen, um klarzustellen, daß der Staat kulturelle Aktivitäten weder zu organisieren und zu kontrollieren noch – in den überwiegenden Fällen – zu finanzieren habe. Die westliche Position, in Wien von allen Partnern einmütig und klar vorgetragen, will Freiheit des Künstlers, Freiheit der Kontakte über die nationalen und ideologischen Grenzen hinweg, will unbehinderte künstlerische Kreativität. Dem entsprach es, daß teilweise menschenrechtlich akzentuierte Bestimmungen vorgeschlagen und auch im Wiener Dokument durchgesetzt wurden.

Eine Vereinbarung, die Einrichtung von Kulturinstituten anderer TNS zu erlauben und den ungehinderten Zugang der Öffentlichkeit zu sichern, wurde hartnäckig von der Delegation der Bundesrepublik Deutschland verfolgt und anfangs nicht von allen westlichen Partnern verstanden oder unterstützt. Nichtsdestoweniger war es nach langwieriger Verhandlung und eingehender Argumentation möglich, Ost wie West von dem Nutzen solcher Einrichtungen zu überzeugen, die den einzelnen Bürgern den direkten Zugang zur Kultur eines anderen Staates bieten. Kurz nach dem Wiener Treffen mußte leider die betrübliche Feststellung gemacht werden, daß die Bundesregierung für die geplanten Kulturinstitute in osteuropäischen Ländern, insbesondere jenes in Moskau, nicht die erforderlichen Mittel für die notwendigen Stellen und Sachaufwendungen im Bundeshaushalt für die Arbeit des Goethe-Instituts beantragte oder bewilligt erhielt. Eine weitere Wiener Vorschrift fordert den ungehinderten Zugang der Öffentlichkeit zu allen kulturellen Veranstaltungen, die von ausländischen Personen oder Organisationen durchgeführt werden, und die ungehinderte Breitenwerbung für solche Veranstaltungen. Diese Bestimmung zielt auf die immer noch beträchtlichen Behinderungen in diesem Bereich durch staatliche Organe in einigen östlichen Staaten, z. B. ČSSR und Rumänien.

Zu den allgemeinen Grundsätzen von Kulturfreiheit zeigte sich der Westen stets einheitlich; er beherzigte den Satz Friedrich Schillers »Die Gerichtsbarkeit der Bühne fängt an, wo das Gebiet der weltlichen Gesetze sich endigt«. Bei der Ausarbeitung von Texten zur konkreten Verwirklichung dieses Prinzips waren die Beiträge der einzelnen westlichen Partner unterschiedlich. Frankreich, Italien und die Bundesrepublik waren durchgehend aktiv, während etwa die amerikanische Delegation eher zurückhaltend agierte und wenig Verständnis für das von eigentlich allen Westeuropäern geteilte Konzept zeigte, den Abschnitt Kultur für eine immer detaillierter und dichter werdende Ausfüllung des möglichen Spektrums kultureller Aktivitäten und Kontakte zwischen individuellen Künstlern und unabhängigen Gruppen in ganz Europa zu nutzen.

Um die reiche Vielfalt der Kultur in Europa besser in das Bewußtsein zu heben, traten eine Reihe kleinerer Staaten in Wien erneut dafür ein, durch Initiativen zu Übersetzungen der Literatur von weniger verbreiteten Sprachen ihre kulturellen Errungenschaften weiter bekannt zu machen. Diesem berechtigten Anliegen, die eigene kulturelle Identität zu fördern, wurde von westlicher Seite (z. T. aus kleinlicher Furcht vor geringfügigen finanziellen Folgen) nicht mit großem Enthusiasmus begegnet; die Wiener Bestimmung hierzu ist entsprechend unverbindlich, weist aber immerhin auf das bestehende Problem hin.

In allen Abschnitten des Korbes III wurden Vorschriften zur Behandlung des Problems von Minderheiten durch den Westen angestrebt, von allen NuN nachhaltig unterstützt und im Lager der sieben östlichen Staaten sehr entschieden durch Ungarn betrieben. Beim Abschnitt Kultur ging es um die

Möglichkeit zur Wahrung und Pflege der eigenen Kultur durch die Angehörigen nationaler Minderheiten oder regionaler Kulturen. Hierzu zählen u. a. Sprache, Literatur und Religion, aber auch das Recht, eigene kulturelle und historische Denkmäler oder Gegenstände erhalten zu können. In der Implementierungsdebatte waren die offensichtlichen Kritikfelder oft und deutlich genug umrissen worden: die Verfolgung der türkischen Minderheit in Bulgarien, die Unterdrückung der ungarischen Minderheit in Rumänien. Die beiden kritisierten Delegationen standen daher Neuverpflichtungen zu Rechten von Minderheiten lange entschieden ablehnend gegenüber; die an der Textredaktion aktiv teilnehmende bulgarische Delegation versuchte immer wieder, manchmal mit provozierenden »Amendments«, also Abänderungsverlangen, Entwürfe für Minderheiten-Bestimmungen jeglicher Substanz zu berauben. Fast über ein Jahr brachten die Bulgaren zu allen Minderheitstexten den Zusatz »where they exist« mit der Interpretation vor, Minderheitenschutz sei selbstverständlich nur dort nötig, wo Minderheiten auch tatsächlich existierten. Bulgariens Regierung bestritt bekanntlich die Existenz einer türkischen Minderheit. Deshalb wehrte sich der Westen vehement gegen eine solche Textänderung, obgleich eine ähnliche Formulierung bereits im Prinzip VII der Schlußakte enthalten ist und sie – bei näherer Betrachtung – letztlich nicht dem Schutz von Minderheiten abträglich sein muß. Völkerrechtlich besteht nämlich Einigkeit darüber, daß nicht jeder Staat selbst über das Vorhandensein einer Minderheit in seinem Staatsgebiet bestimmen kann, da sonst das Leugnen des Vorhandenseins einer Minderheit den betreffenden Staat von allen völkerrechtlichen Verpflichtungen entbinden würde. Dieses Argument wurde innerwestlich zwar anerkannt, aber die durch die bewußt provozierende bulgarische Änderungsforderung aufgeladene Atmosphäre machte es nötig, den geforderten Zusatz trotz seiner inhaltlichen Harmlosigkeit abzulehnen, weil eben Bulgarien den Zusatz mit der inakzeptablen Behauptung verbunden hatte, es gäbe keine türkische Volksgruppe in Bulgarien. Im Ergebnis stellen die vier im Korb III festgelegten Bestimmungen zum Schutz von Minderheiten beachtliche Fortschritte dar, doch bedürfen sie offensichtlich noch umfassender Implementierung.

Polen hatte gemeinsam mit Österreich bereits kurz nach Beginn des Wiener Treffens vorgeschlagen, ein Symposium über das kulturelle Erbe aller KSZE-TNS in Krakau zu veranstalten. Einige westliche Staaten, zuallererst Frankreich, die Bundesrepublik Deutschland und Italien, entschlossen sich spontan zur Miteinbringerschaft dieses Vorschlags; dasselbe taten einige osteuropäische Delegationen, z. B. die DDR. Damit war es frühzeitig auf dem Wiener Treffen gelungen, für einen Vorschlag Teilnehmerstaaten aus allen Gruppen als Miteinbringer zu gewinnen. In dieser Form war dies auch das erste Mal überhaupt im KSZE-Prozeß, daß zu einem durchaus gewichtigen Konferenzthema sich eine gruppenübergreifende Miteinbringerschaft zusammenfand. Damit war aber in Wien noch lange nicht der Konsens aller 35 hergestellt, da sich vor allem die anglo-amerikanischen Staaten diesem bescheidenen Projekt gegenüber skeptisch bis offen ablehnend verhielten. Die USA waren grundsätzlich gegen eine Überzahl von KSZE-Expertentreffen nach Wien und sahen in dem Vorhaben für Krakau eine überflüssige Veranstaltung mit der Gefahr allzu großer staatlicher Repräsentanz. Die amerikanische Delegation verweigerte sich jeglicher Mitarbeit bei der Formulierung des Mandats für das Symposium in Krakau und begab sich so natürlich der Möglichkeit, die Themenstellung für das Symposium zu beeinflussen. Die anderen westlichen Staaten taten dies jedoch nachdrücklich; der Erfolg gab ihnen recht: das Mandat für Krakau ist zwar überfrachtet, erlaubt dadurch aber die Erörterung aller nur erdenklichen Fragen der Eigenart und der Vielfalt der Kulturen in Europa, einschließlich der Ausweitung der Kontakte zwischen Institutionen und Personen, die sich mit Kultur befassen oder künstlerisch tätig sind. Auf dem Symposium in Krakau, das vom 28. Mai bis zum 7. Juni 1991 stattfinden soll, werden auch Wissenschaftler und andere kulturell tätige Persönlichkeiten teilnehmen können. Dies entspricht dem seit dem Budapester Kulturforum geltend gemachten Grundsatz, im KSZE-Prozeß nicht mehr allein Regierungsvertreter, sondern die eigentlich Betroffenen selbst mitwirken zu lassen.

In der Schlußwoche des Wiener Treffens lenkte die amerikanische Delegation schließlich ein und schloß sich dem Konsens für das Krakauer Symposium an. Bedauerlich bleibt, daß die amerikanische Delegation in Wien wenig Verständnis für die von allen Europäern als dringend notwendig angesehene Förderung des gemeinsamen Kulturlebens in Europa auch durch KSZE-Treffen aufbrachte. Vielleicht fehlten den nordamerikanischen Delegierten in Wien die erforderliche Geschichtskenntnis und das wohl nur durch tägliche Nähe zur kulturellen »Szene« in Europa wachsende Verständnis für das gesamteuropäische Zusammengehörigkeitsgefühl, wie es etwa Vaclav Havel 1986 in seiner Dankrede für den Erasmus-Preis (er konnte ihn nicht persönlich in Rotterdam entgegennehmen, weil die Regierung der ČSSR ihm keine Ausreiseerlaubnis erteilte) so ausdrückte: »Ein tiefes Gefühl der Einheit, und sei es der Einheit in der Unterschiedlichkeit.«

Bildung verbindet nicht unverbindlich

Auch zum Abschnitt »Zusammenarbeit und Austausch im Bereich der Bildung« legten zunächst die sieben WP-Staaten Vorschläge vor, denen ihre westlichen Verhandlungspartner nichts abgewinnen konnten oder wollten. Doch schließlich entwickelten die westlichen Delegationen Gegenvorstellungen, die praktisch alle in die dann im Wiener Schlußdokument aufgenommenen neun Bestimmungen zur Bildung eingeflossen sind.

An erster Stelle steht die Bestimmung, daß die TNS künftig gewährleisten, allen ohne Diskriminierung hinsichtlich Rasse, Hautfarbe, Religion, politischer oder sonstiger Anschauung, nationaler oder sozialer Herkunft die verschiedenen Arten und Stufen von Bildungseinrichtungen zugänglich zu machen. Diese Vereinbarung hat ihren Ursprung in den Menschenrechtspakten und besitzt große praktische Bedeutung für das Bildungssystem in einer Reihe östlicher Staaten wie z. B. in der DDR, wo jungen Menschen aufgrund ihrer Religion oder politischen Meinung der Zugang zu höheren Bildungseinrichtungen (Gymnasium oder Universität) offensichtlich noch immer verwehrt worden war.

Auch zu den direkten persönlichen Kontakten zwischen Wissenschaftern – auch durch Reisen – wurde eine Vorschrift vereinbart, ebenso wie zu dem ungehinderten Zugang von Wissenschaftern, Lehrern und Studenten zu offenem Informationsmaterial in öffentlichen Archiven, Bibliotheken usw. anderer TNS. Zu den Minderheitenrechten wurde in einer lange umstrittenen Bestimmung festgelegt, daß Angehörige von Minderheiten Unterricht über ihre eigene Kultur erteilen und erhalten können und dies die Vermittlung von Sprache, Religion und kultureller Identität durch die Eltern an ihre Kinder einschließt.

Eine Reihe westlicher Staaten gaben – allerdings sehr unwillig – einem östlichen Petitum nach, Regierungsstellen und Bildungsinstitutionen zu ermutigen, die Schlußakte von Helsinki als Ganzes in geeigneter Weise in die Lehrpläne der Schulen und Universitäten aufzunehmen. Dieser ursprünglich von der DDR-Delegation unterbreitete Vorschlag ergänzt ein im Korb I (im Menschenrechtsteil) erfolgreich durchgesetztes Verlangen westlicher und neutraler Staaten, die KSZE-Dokumente und die internationalen Menschenrechtsvereinbarungen zu veröffentlichen und zu verbreiten, damit eine möglichst breite Öffentlichkeit in allen TNS sich darüber informieren kann. Es mutet ironisch an, daß – wie bereits beschrieben – ausgerechnet die Regierung der DDR das Wiener Schlußdokument wenige Tage nach Abschluß des Wiener Treffens unvollständig und sogar – im Passus zum Mindestumtausch – verfälscht abdruckte.

Das KSZE-Folgeprogramm: der »Kongreß der unbedingt Zukunftsfrohen«?

Nie zuvor waren auf einem KSZE-Folgetreffen so viele Nachfolgeveranstaltungen zu allen KSZE-Sachgebieten vorgeschlagen worden. Die Frage, welche und wie viele Veranstaltungen schließlich vereinbart werden könnten, war eine der umstrittensten Wiener Verhandlungsprobleme und wurde buchstäblich erst in den letzten Konferenztagen gelöst. Dies war auch verständlich, denn die meisten Vorschläge waren mit dem Prestige von Regierungschefs oder Außenministern der einbringenden Delegationen verbunden. Diese mußten selbstverständlich ihr eigenes Konferenzprojekt beharrlich – oft bis an die Grenze der Sturheit – verfolgen. Zu mehreren Treffen mit demselben Konferenzgegenstand gab es mehrere Bewerber, die mit allen erlaubten – manchmal auch mit nicht so hoffähigen – Mitteln um Unterstützung für ihre Kandidatur öffentlich oder hinter den Kulissen kämpften. Die Zahl der zu vereinbarenden Treffen sollte nach Auffassung der USA, die den KSZE-Prozeß nicht zum »Wanderzirkus« verkommen lassen wollten, und auch nach Ansicht der Delegationen vieler kleinerer Länder, die den großen Personalaufwand und die hohen Kosten für einen allzu umfangreichen KSZE-Terminkalender verständlicherweise scheuten, möglichst klein gehalten werden. Trotzdem wurde im Wiener Ergebnis das bisher dichteste Folgeprogramm, insgesamt elf Konferenzen (mit verschiedenen Titeln wie Forum, Expertentreffen, Symposium oder Verhandlungen), beschlossen.

Das Zustandekommen der besonders kontrovers verhandelten KSZE-Treffen ist bereits beim jeweiligen Sachgebiet, dem ein Treffen gewidmet ist, behandelt worden. Darüber hinaus wurde ein weiteres Expertentreffen über die friedliche Regelung von Streitfällen auf besonderen Wunsch der neutralen Länder für Valletta (15. Januar bis 8. Februar 1991) beschlossen, obgleich zwei vorangegangene Treffen in Montreux 1977 und in Athen 1984 sachlich kaum Voraussetzungen für begründete Erfolgsaussichten auf einer dritten Zusammenkunft zu diesem Thema geschaffen hatten. Zum KSZE-Kompromißgeist gehört jedoch, die Wünsche aller, auch die der kleineren, so weit wie irgend möglich zu berücksichtigen. Westen und Osten konnten sich kaum den wenigen Verlangen der NuN verschließen, die ihrerseits so oft und aufopfernd für die Belange sowohl der westlichen wie auch östlicher Delegationen eintraten. Die westliche Zustimmung zur Austragung von KSZE-Treffen in östlichen Staaten wurde grundsätzlich davon abhängig gemacht, daß die Bedingungen für ihren Verlauf der Praxis des Wiener Treffens entsprächen. Wien bot eine im KSZE-Prozeß bisher beispiellose Offenheit und Öffentlichkeit. Es war schon davon die Rede, daß die Vertreter von nichtstaatlichen Organisationen ebenso wie interessierte einzelne Bürger, vor allem auch Bittsteller in humanitären Härtefällen, zum Konferenzgelände Zutritt erhielten und durch Vermittlung des Exekutivsekretariats bzw. von Delegationen Kontakte mit anderen Delegationen anknüpfen konnten. Auf dem Wiener Treffen war auch die Zahl öffentlicher Plenarsitzungen beträchtlich erhöht worden; die Medien, die je nach Konferenzstand unterschiedlich interessiert waren, konnten sich auch in einer spürbaren Zunahme von Pressekonferenzen, meist durch Delegationsleiter, mit dem Konferenzgeschehen vertraut machen. Kaum ein Konferenzpapier blieb vertraulich, wie es eigentlich die Verfahrensregeln des »Blauen Buches« (der Helsinki-Empfehlungen von 1973) vorsehen; die einzelnen Delegationen verteilten ihre Vorschläge und ihre Plenarerklärungen fleißig an jeden, der danach fragte, und auch an manche Konferenzbesucher, die nicht danach fragten.

Mit Blick auf mögliche Zugangsbeschränkungen zu KSZE-Treffen in östlichen Ländern (besonders wurde dabei an die Moskauer Konferenz über die Menschliche Dimension gedacht) forderte und erreichte die westliche Gruppe in Wien noch kurz vor Konferenzende einen neuen Abschnitt zur Gesamtheit der erforderlichen Bedingungen und Umstände, unter denen ein KSZE-Treffen, entsprechend der Wiener Praxis, vom jeweiligen Gastgeber durchzuführen sei. Der bundesdeutsche Außenminister Genscher hatte bereits, als Erwiderung auf die von Außenminister Schewardnadse ausgesprochene Einladung nach Moskau, die Bedingungen zur Annahme dieser Einladung deutlich umrissen und nur zwei Tage nach der Erklärung des sowjetischen Ministers während der Eröffnungsveranstaltung des Wiener Treffens Anfang November 1986 ausgeführt, eine Konferenz in Moskau böte die Möglichkeit, die Forderung nach Verwirklichung der Menschenrechte in der sowjetischen Hauptstadt selbst zu erheben, und erklärt: »Wenn die Implementierung des schon Vereinbarten durch eine solche Konferenz nicht aufgeschoben wird, wenn diese Konferenz unter angemessenen Umständen stattfinden kann, und wenn es gelingt, das Mandat dafür genügend konkret und in der Sache weiterführend zu formulieren, dann kann eine solche Konferenz im Interesse der Menschen nützlich sein.«

Im einzelnen sind – mit Ausnahme der Einladung Österreichs zum Treffen der Außenminister – die folgenden KSZE-Veranstaltungen im Wiener Schlußdokument ausdrücklich festgelegt worden:

1989

6.–8. März	Außenministerkonferenz der 35 KSZE-Teilnehmerstaaten auf Einladung Österreichs in Wien
9. März	Beginn der VVSBM (alle 35 KSZE-TNS)
9. März	Beginn der VKSE (23 Teilnehmer: Mitgliedstaaten der NATO und des WP)
18. April–12. Mai	Informationsforum in London
30. Mai–23. Juni	Erstes Treffen der Konferenz über die Menschliche Dimension in Paris
16. Okt.–3. Nov.	Umweltschutztreffen in Sofia

1990

19. März–11. April	Wirtschaftskonferenz in Bonn
5.–29. Juni	Zweites Treffen zur Menschlichen Dimension in Kopenhagen
24. Sept.–19. Okt.	Treffen über Mittelmeerraum in Palma de Mallorca

1991

15. Jan.–8. Feb.	Expertentreffen über die Friedliche Beilegung von Streitfällen in Valletta
28. Mai–7. Juni	Symposium über das Kulturelle Erbe in Krakau
10. Sept.–4. Okt.	Drittes Treffen zur Menschlichen Dimension in Moskau

1992

10.–23. März	Vorbereitungstreffen für das 4. KSZE- Folgetreffen in Helsinki
24. März	Beginn des 4. KSZE-Folgetreffens in Helsinki

Im Wiener Schlußdokument sind in einer sog. »Erklärung des Vorsitzenden« als Anhang XI die von Genscher schon allgemein skizzierten Grundbedingungen für KSZE-Veranstaltungen in detaillierter Form beschrieben; sie hat folgenden Wortlaut:

Die auf den einschlägigen Bestimmungen der Schlußakte beruhende und von Gastgeberländern geübte Praxis betreffend die Offenheit von und den Zugang zu KSZE-Treffen hat sich positiv entwickelt. Diese Praxis bezieht sich unter anderem darauf, daß Medienvertreter, Vertreter nichtstaatlicher Organisationen oder religiöser Gruppen und Privatpersonen Zugang zum Gastgeberland, zum Tagungsort und zu den öffentlichen Sitzungen der KSZE-Treffen haben, wobei es sich sowohl um eigene Staatsangehörige als auch um Ausländer handeln kann, daß Delegierte oder Besucher unbehindert Kontakt mit Bürgern des Gastgeberlandes aufnehmen dürfen, daß Aktivitäten mit Bezug zur KSZE, einschließlich der Abhaltung friedlicher Zusammenkünfte, zugelassen werden und daß die Freiheit der Journalisten geachtet wird, ohne Behinderung zu berichten und ihrer beruflichen Tätigkeit im Einklang mit den KSZE-Verpflichtungen nachzugehen. Im Lichte dieser Erfahrungen gehen alle Teilnehmerstaaten davon aus, daß die Regierungen jener Länder, in denen die im Abschließenden Dokument von Wien genannten KSZE-Folgetreffen stattfinden, dieser Praxis, so wie sie beim Wiener Treffen gehandhabt wurde, folgen und auf ihr aufbauen werden.

Aufgrund dieser Bestimmungen wurde das Expertentreffen über Umweltschutz in Sofia (Herbst 1989) bereits in einer für Bulgarien präzedenzlosen Weise für Menschenrechtsgruppen geöffnet. Nach durchaus seriösen Einschätzungen sollen die Kontroversen darüber und die resultierende Berichterstattung in den Medien zum Sturz des bulgarischen Staatschefs Schiwkow zumindest beigetragen haben. Auch künftig wird der Erfolg von KSZE-Veranstaltungen daran zu messen sein, inwieweit die neuen Verpflichtungen zum Zugang für Journalisten ebenso wie für Privatpersonen und auch hinsichtlich der Versammlungs- und Demonstrationsfreiheit vom Gastgeber beachtet werden. Die westlichen Staaten bekundeten in Wien ihre Entschlossenheit, energisch auf die Erfüllung dieser Bedingungen zu dringen und bei Nichtbeachtung das betroffene KSZE-Treffen mit diesem Problem zu befassen (so in Sofia geschehen). Für potentielle Gastgeber ist damit die Absicht, öffentlichkeitswirksam für sich zu werben, nur dann zu verwirklichen, wenn Zugang und Offenheit wirklich gewährleistet sind. Anderenfalls könnte eine KSZE-Veranstaltung zu gegenteiligen, negativen »Public Relations« der gastgebenden Regierung führen.

Mit der Erweiterung des Folgeprogrammes sind zugleich Schritte zur Rationalisierung der Veranstaltungen selbst im Wiener Schlußdokument beschlossen worden; so sollen in der Regel die Expertentreffen kürzer dauern (höchstens dreieinhalb Wochen, oft noch darunter). Die vorher üblichen Vorbereitungstreffen zur Ausarbeitung von Tagesordnungen konnten abgeschafft werden, da die Tagesordnungen bereits in Wien vereinbart wurden; einzige Ausnahme von dieser Regelung ist das nächste Hauptfolgetreffen in Helsinki, dem, wie bei den vorangegangenen Folgetreffen üblich, ein knapp zweiwöchiges Vorbereitungstreffen vorgeschaltet sein wird.

Das Wiener Endspiel
Lösung der letzten Streitfragen

> Der Weisheit erster Schritt ist:
> alles anzuklagen,
> Der letzte:
> sich mit allem zu vertragen.
>
> *Georg Christoph Lichtenberg*

In der Schlußphase des Wiener Treffens konzentrierten sich die Verhandlungen auf die verbliebenen, in ihrer Zahl nicht geringen und in ihrer Substanz keineswegs einfachen Streitfragen. Die letzten Hindernisse sollten nach Meinung aller vor Amtsantritt der neuen Regierung in den USA, also vor dem 20. Januar 1989, bewältigt werden. Es war bekannt und gefürchtet, daß jede neue US-Regierung, selbst wenn sie wie die von Präsident Bush derselben Partei wie die vorangegangene angehört, ihre gesamte Politik grundsätzlich überprüft und auch außenpolitische Positionen inhaltlich neu zu bestimmen pflegt. Von praktisch genau so großer Bedeutung ist ferner die Tatsache, daß jede Regierung einen umfassenden Personalwechsel vornimmt und die neuen Minister und Beamte Zeit zur Einarbeitung brauchen. Die Folge für das Wiener Treffen wäre zweifellos ein mehrmonatiger Aufschub des jetzt so greifbar nahen Abschlusses gewesen. Daher unternahmen die 35, beginnend im Dezember 1988, eine gewaltige Anstrengung mit dem Ziel, die restlichen Hauptkontroversen endlich einvernehmlich zu lösen. Hierbei kam einmal mehr den NuN eine Sonderrolle zu; sie kondensierten zum letzten Mal in einer revidierten Fassung ihres Gesamtentwurfs vom 13. Mai 1988 den seither entwickelten Verhandlungsstand und versuchten im ständigen Hin und Her zwischen West und Ost Kompromißtexte für die noch strittigen Fragen zu erarbeiten. Zum Jahresende gab Österreichs Vizekanzler und Außenminister Alois Mock, der schon wiederholt – auf Rat seines verdienstvollen Delegationsleiters Botschafter Torovsky – persönlich bereit war, in kritischen Phasen dem Konferenzgeschehen energische Impulse zu geben und in direkten Telefongesprächen mit wichtigen Amtskollegen anderer TNS das Wiener Treffen zu beschleunigen, mit seiner Einladung, ein Außenministertreffen der 35 zum Abschluß des Folgetreffens vom 17. bis 19. Januar in Wien abzuhalten, einen kräftigen Anstoß. Diese Einladung konnte selbstverständlich vor Klärung der offenen Fragen nicht von den anderen TNS formell angenommen werden, doch der durch die Einladung auch in den Augen der Öffentlichkeit ausgeübte Druck trug zweifellos zur weiteren Intensivierung der Schlußverhandlungen bei. Dagegen kam aus Rumänien erneut eine, von manchem Konferenzteilnehmer als dramatisch empfundene, Bremswirkung durch die Neujahrsansprache des Präsidenten Ceausescu. Er kündigte an, Rumänien würde einem Schlußdokument nicht zustimmen, das in einigen Bestimmungen zu den Menschenrechten einen »Rückfall in das Mittelalter« darstelle: Rumänien werde kein Dokument unterzeichnen, das die Menschheit 500 Jahre – in das Zeitalter der Inquisition – zurückversetze. Nicolae Ceausescu gehörte zu den Mitunterzeichnern der Schlußakte von Helsinki; nur noch einige andere östliche Machthaber wie der Staatschef der ČSSR, Husak, Bulgariens Staatsratsvorsitzender Todor Schiwkow, DDR-Staatsoberhaupt Honecker und anfangs auch noch Janos Kadar in Ungarn übten ebenfalls zum Zeitpunkt des Wiener Treffens noch immer ihre staats- oder parteiführenden Funktionen aus. Bis zum Ende des Jahres 1989 verloren alle ihre Ämter. Im Gegensatz dazu war kein einziger westlicher Regierungschef von 1975 noch im Amt, als das Wiener Schlußdokument Anfang Januar 1989 unterschrieben wurde. Lediglich der damalige belgische Ministerpräsident Leo Tindemans genoß die Genugtuung, das Wiener Treffen bis zum guten Ende als Außenminister seines Landes – übrigens auch als Präsident der zwölf EG-Staaten im ersten Halbjahr 1987 – zu begleiten.

Aufgrund der Neujahrserklärung Ceausescus forderte die rumänische Delegation in Wien, erneut die bisher festgelegten Bestimmungen zu den Menschenrechten zu diskutieren und zu verhandeln. Mit bewundernswerter Entschiedenheit lehnten das jedoch die NuN als Gruppe geschlossen ab und berücksichtigten in ihrem Entwurf für die letzte Fassung des Wiener Schlußdokuments in keiner Weise mehr rumänische Sonderwünsche.

Eine kleine Schwierigkeit vorübergehenden Charakters bereitete die zypriotische Delegation den anderen TNS in den letzten Wiener Wochen; sie verlangte, Nikosia als Ort für das geplante Expertentreffen über die friedliche Beilegung von Streitfällen auszuwählen, und erhielt hierfür die nicht sehr nachhaltige Unterstützung ihrer Partner in der NuN-Gruppe. Als jedoch schnell und nicht unerwartet klar wurde, daß die Türkei Nikosia auf keinen Fall akzeptieren würde, waren sogar kurzfristig Ministerkontakte per Telefon erforderlich, um dieses Problem zu lösen.

Im Laufe des Wiener Treffens mußten sich Minister häufig in die Klärung kontroverser Fragen einschalten. Jede Delegation hatte stets sorgfältig zu prüfen, ob sie die Weisungsgeber in den Hauptstädten darum bitten soll, den Außenministern das persönliche Eingreifen in die Verhandlungen und Direktkontakte mit Amtskollegen zu empfehlen. Dieses Mittel ist sparsam zu handhaben; denn kein Minister läßt sich gerne für geringfügige Anlässe oder möglicherweise wenig aussichtsreiche Petita einsetzen. Es muß sich also vorzugsweise um ein wirklich gravierendes, vielleicht sogar vitale nationale Interessen berührendes Problem handeln. Zudem ist es in der Regel notwendig, das Streitproblem auf eine einzige überschaubare Frage zu reduzieren und dem Minister hierzu eine von unwesentlichen Expertendetails befreite plausible Argumentation zu unterbreiten. Die Erfahrung zeigt, daß ein Minister in der Regel für einen gut begründeten Vorschlag immer aufgeschlossen ist, den Kern eines Problems erkennt und mit politischem Instinkt die Lösung anzugehen weiß. (Gerade auch solcher Fähigkeiten wegen ist er schließlich Minister geworden.)

Zyperns Regierung lenkte ein, Maltas Hauptstadt Valletta bekam den »Zuschlag«, eine verdiente Belohnung für die hervorragende Professionalität des maltesischen Delegationsleiters Botschafter Charles Vella.

Anfang Dezember 1988 stellte die sowjetische Regierung ihre Störsendungen ein und erfüllte damit eine der von der amerikanischen Regierung aufgestellten Bedingungen für die Zustimmung zum Moskauer Treffen über die Menschliche Dimension. Die große Grundsatzrede von Gorbatschow auf der Generalversammlung der Vereinten Nationen am 7. Dezember 1988 in New York enthielt nicht nur neue Abrüstungsinitiativen, sondern auch für das Wiener Treffen außerordentlich wichtige Ankündigungen zur künftigen Menschenrechtspolitik der Sowjetunion, z. B. die Erklärung der Absicht, bestimmte Strafgesetze abzuschaffen und sich dem Internationalen Gerichtshof in Fragen einiger Menschenrechtskonventionen zu unterwerfen. Auch dies kam der Erfüllung amerikanischer und britischer Forderungen entgegen. Da Gorbatschow aufgrund des Erdbebens in Armenien seine Auslandsreise nach New York abkürzen mußte und nicht, wie geplant, London besuchen konnte, war es nicht möglich, im direkten persönlichen Kontakt auf höchster Ebene zwischen der Sowjetunion und dem Vereinigten Königreich die noch immer bestehenden Vorbehalte der Premierministerin Thatcher gegen die Moskauer Konferenz zu erörtern und auszuräumen. Erst nachdem die USA und auch das ebenfalls lange widerstrebende Kanada der Moskauer Konferenz ihre Zustimmung gaben, verschloß sich auch die britische Regierung in den Wiener Schlußwochen nicht mehr dem Konsens zu Moskau. Die britische wie die amerikanische Regierung erklärten allerdings öffentlich, daß sie ihre tatsächliche Teilnahme an dem Treffen in Moskau 1991 von der Erfüllung aller sowjetischen Zusagen im Bereich der Menschenrechte abhängig machen würden. Hierzu ist anzumerken, daß mit der einmal gegebenen Zustimmung zum Wiener Schlußdokument von seiten der USA und Großbritanniens (ohne eine im Journal offiziell zu Protokoll gegebene Vorbehaltserklärung) die Moskauer Zusammenkunft an ihrem eigentlichen Stattfinden nicht mehr gehindert werden kann. Briten und Amerikaner könnten in Moskau eine »Politik des leeren Stuhles« praktizieren, aber Konsensbeschlüsse und den effektiven Ablauf dieser KSZE-Veranstaltung nicht aufhalten, da gemäß KSZE-Verfahrensregeln Konsens stets dann gegeben ist, wenn kein Vertreter einen Einwand erhebt: Wer nicht anwesend ist, kann nicht widersprechen! – Die seit dem Wiener Abschluß in der Sowjetunion festzustellende, insgesamt positive Fortentwicklung bei der Durchsetzung der Menschenrechte läßt darauf hoffen, daß auch Amerikaner und Briten »guten Gewissens« in Moskau dabei sein können. Die Haltung etwa der deutschen Delegation ist es, wie in der Wiener Eröffnungserklärung Genschers im November 1986 bereits angeklungen, in Moskau »vor Ort« die Achtung der Menschenrechte besonders öffentlichkeitswirksam anmahnen zu können, sollte es damit im Herbst 1991 immer noch im argen liegen.

Auch erst in der Schlußphase entschlossen sich die USA, das von den EG-Mitgliedstaaten und an erster Stelle von der Bundesrepublik Deutschland betriebene Ost-West-Wirtschaftsforum zu akzeptieren. Die ČSSR hatte sich seit Beginn des Wiener Treffens darum beworben. Als jedoch Anfang November 1988 die tschechoslowakischen Behörden, worüber trotz Behinderungen die westlichen Medien berichteten, brutal gegen die Teilnehmer an einer demonstrationsähnlichen Veranstaltung zum 70. Jahrestag der Gründung der ČSSR vorgingen, hatte sich die Regierung dieses Landes nicht nur nach Auffassung der amerikanischen Delegation als Veranstaltungsort für eine KSZE-Konferenz disqualifiziert. Prag wäre sogar bereit gewesen, den Hauptteil des geplanten Wirtschaftstreffens an Bonn abzutreten und sich selbst mit einer eher bescheidenen Vorkonferenz abzufinden. Als die Entscheidung der 35 KSZE-Teilnehmer in der Schwebe war und sich Prag noch gewisse Hoffnungen machen konnte, ließ sich – wohl kaum zufällig – zeitweise in Prag eine vordem nicht geübte Zurückhaltung und Toleranz gegenüber den Aktivitäten sogenannter Dissidenten beobachten. Als kurz vor Ende des Wiener Treffens jedoch klar wurde, daß die USA und andere Prag als Kandidaten ablehnten, änderte sich die Verhaltensweise der tschechoslowakischen Ordnungs- und Sicherheitsbehörden sofort: noch während der Schlußveranstaltung der Außenminister Mitte Januar 1989 knüppelte die Polizei auf dem Prager Wenzelsplatz die Demonstranten zusammen.

In den Schlußwochen waren zudem zwei Hauptprobleme in den Gesprächen über das Mandat für die Verhandlungen der 23 umstritten (vgl. auch Kapitel 16. Vereinbarungen zur Militärischen Sicherheit). Der schon lange deutlich gewesene Auffassungsunterschied zwischen den USA und Frankreich über das Verhältnis der KSZE zu dem autonomen Forum der 23 konnte schließlich geklärt werden durch die Einigung über einen Informations- und Konsultationsmechanismus zwischen den 35 und den 23; mit den im Wiener Schlußdokument ebenso wie im Mandatstext der 23 festgelegten regelmäßigen Informationstreffen wurde das »Link«, das von Frankreich geforderte und von den USA so hingenommene Bindeglied zwischen den beiden Verhandlungsforen über militärische Sicherheit, geschaffen. Von weit substantiellerer Bedeutung war das zwischen der Türkei und Griechenland zur Überraschung aller plötzlich, buchstäblich kurz vor Paraphierung des 23er Mandats, strittig gewordene und auch in der Öffentlichkeit polemisch diskutierte Problem des Anwendungsgebietes für die künftigen Verhandlungen über Konventionelle Streitkräfte in Europa (VKSE). Die Türkei hatte gegenüber der Sowjetunion mit Erfolg darauf beharrt, das türkische Grenzgebiet zu den Ländern des Nahen Ostens in einem noch festzulegenden Streifen aus dem Anwendungsbereich der VKSE herauszunehmen. Die Einbeziehung des dem türkisch besetzten Teil Nordzyperns gegenüberliegenden Mittelmeerhafens Mersin in diese Ausschlußzone stieß auf den vehementen, ja empörten Widerstand Griechenlands. Die westlichen Partner schalteten sich im letzten Augenblick mit Vermittlungstexten ein; einige Außenminister telefonierten auch mit ihren Amtskollegen in Athen und Ankara. Zum spürbaren Aufatmen aller akzeptierte die Türkei eine Kompromißformel, die den Weg zur formellen Verabschiedung des Mandats einen Tag vor der Annahme des Wiener Schlußdokuments frei machte. Gleichzeitig war aber klar, daß diese Formel die Lösung des Problems auf die eigentlichen Verhandlungen verschob.

Das Mandat ist zur Unterstreichung der Einbindung der 23er Verhandlungen in den KSZE-Prozeß nicht nur eine selbständige Vereinbarung der 23, sondern auch als Anhang III dem Wiener Schlußdokument der 35 beigefügt.

In den zwei bis drei Wochen vor endgültiger Annahme des Schlußdokuments traten die verschiedenen – für jede Delegation offenen – Sprachgruppen zusammen, um die neben der englischen Arbeitsfassung gleichrangigen und ebenso authentischen Versionen auf Deutsch, Französisch, Italienisch, Spanisch und Russisch anzufertigen. Dies war kein einfaches Unterfangen, weil manche Delegation versuchte, in den Verhandlungen die früher im englischen Arbeitstext gemachten Zugeständnisse durch abschwächende Übersetzungen in den anderen KSZE-Sprachen wiedergutzumachen. Wie schon bei früheren KSZE-Treffen kam es vor, daß russische Delegierte behaupteten, bestimmte englische Begriffe wären absolut unübersetzbar, und Übersetzungen von eindeutig weniger verbindlichem Charakter für kritische Menschenrechtstexte vorschlugen. Dem konnte jedoch wirkungsvoll mit der Expertise von eingeflogenen Dolmetschern aus westlichen Hauptstädten und mit der Sprachkenntnis einiger Delegierter begegnet werden.

Ein französischer Diplomat, der einen Exilrussen zum Vater hatte und daher Russisch wie seine Muttersprache beherrschte, war seinem russischen Kollegen besonders lästig und sorgte dafür, daß die russische Sprachfassung substantiell mit der englischen übereinstimmte. (Zur drei Tage dauernden Auseinandersetzung über die Übersetzung eines einzigen Begriffes im Mindestumtauschtext vgl. Kapitel 22.)

Die Annahme des Wiener Schlußdokuments

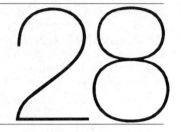

Am Mittag des 15. Januar 1989, einem Sonntag, war es endlich soweit. Unter dem Vorsitz des Delegationsleiters Liechtensteins, des ausgewiesenen KSZE-Veterans Botschafter Graf Ledebur, für sein Land Vertreter bei der KSZE seit 1973, nahm das Plenum der 35 das Wiener Schlußdokument formell an. Dieser entscheidenden Sitzung war ein Verhandlungsmarathon ohne Beispiel vorausgegangen. Doch die Erfolgsstimmung im Austria Center wurde noch in derselben Sitzung durch die rumänische Delegation gestört; sie gab eine nach den Verfahrensregeln zulässige interpretative Erklärung ab und verlangte die Aufnahme dieser Erklärung in das Journal des Folgetreffens. Diese Erklärung führte die knapp zwei Wochen vorher von Präsident Ceausescu ausgesprochenen Vorbehalte gegen wesentliche Neuverpflichtungen auf dem Gebiet der Menschenrechte nunmehr formell ein. Dies konnte die anderen Teilnehmer kaum überraschen, doch damit störte ein Mißton den von allen Seiten herbeigesehnten harmonischen Abschluß. Anzuerkennen ist jedoch, daß Rumänien (wahrscheinlich aufgrund sanften sowjetischen Druckes und des rumänischen Interesses an den Abrüstungsverhandlungen) nicht den Konsens der 35 über das Schlußdokument als solches verhindert hat. Die Frage der inhaltlichen Wirksamkeit der interpretativen Erklärung Rumäniens ist gründlich zu prüfen; viel spricht dafür, daß sie in einer Reihe von Punkten zu unbestimmt ist, um die Geltung des Schlußdokuments auch für Rumänien zulässig einzuschränken. Noch in derselben Sitzung reagierten die Delegationen Kanadas und Österreichs mit eigenen Erklärungen (ebenfalls im Journal aufgenommen), später auch die Delegation des Vatikans, auf Rumänien und bekräftigten ihre Auffassung, daß Rumänien mit seiner bereits vorher gegebenen Einwilligung in den Konsens der 35 an den gesamten Inhalt des Wiener Schlußdokumentes gebunden sei. Es bedarf rechtlicher Klärung, ob sich Rumänien in Zukunft gegenüber den anderen KSZE-TNS, die sich nicht ihrerseits gegen Rumäniens Vorbehalte verwahrt haben, auf die erklärten Einschränkungen berufen kann. Politisch ist bedeutsam, daß eine Reihe von Delegationen, später auch die Außenminister während der Schlußveranstaltung, ihrer Zuversicht Ausdruck verliehen, Rumänien würde sich letztlich nicht von allen anderen

KSZE-Teilnehmern isolieren wollen und sich daher nicht der Gesamtheit aller Wiener Verpflichtungen entziehen. So sprach der deutsche Delegationsleiter Graf zu Rantzau noch am 15. Januar die Überzeugung aus, es werde gelingen, Rumänien in die Fortsetzung des KSZE-Prozesses voll einzubeziehen. Der Sturz des Diktators Ceausescu im Dezember 1989 und der seither beginnende Reformprozeß in Rumänien erlaubten es der neuen Führung, bereits am 15. Januar 1990 (also genau ein Jahr nach der Annahme) die Vorbehalte gegen das Schlußdokument ausdrücklich zurückzunehmen (Text vgl. unten).

In der von manchen Delegierten, die sonst nicht zum Überschwang neigten, als historisch bezeichneten Plenarsitzung am 15. Januar 1989, die das Wiener Schlußdokument im Konsens verabschiedete, haben auch andere Staaten zu kontroversen Fragen interpretative Erklärungen abgegeben. Im Namen der drei Westmächte sprach die Delegation des Vereinigten Königreichs zur Deutschlandrelevanz der KSZE-Beschlüsse zur Militärischen Sicherheit, worauf die Sowjetunion antwortete. Polen gab im Namen aller WP-Staaten eine Erklärung zum Verhandlungsgegenstand der VVSBM ab. Die Türkei und Bulgarien kamen erneut auf ihren Dauerzwist zurück, von dem inzwischen ebenfalls zu hoffen ist, daß er sich durch die Reformentwicklung in Bulgarien endlich zugunsten der türkischen Minderheit friedlich löst. All diese interpretativen Erklärungen sind für das Verständnis des Wiener Schlußdokuments notwendig und werden daher an dieser Stelle, zusammen mit den Erklärungen Rumäniens und Kanadas, wiedergegeben. Der folgende Auszug aus dem Journal vom 15. Januar 1989 beginnt mit den für ein KSZE-Journal üblichen knappen Daten und enthält unter Ziffer 5 die formelle Beschlußfassung zur Annahme des Wiener Schlußdokuments.

Auszug aus Journal Nr. 397 des Wiener Treffens vom 15. 1. 1989

162. *Plenarsitzung*
1. Datum: Sonntag, 15. Januar 1989
   Beginn: 10.50 Uhr, Unterbrechung: 11.15 Uhr
   Wiederaufnahme: 11.40 Uhr, Unterbrechung: 11.50 Uhr
   Wiederaufnahme: 12.20 Uhr
   Schluß: 12.55 Uhr
2. Vorsitz: Graf Mario von Ledebur-Wicheln (Liechtenstein)

A. *Erster Teil* (Geschlossene Sitzung)
3. Behandelte Fragen:
   Punkt 8 der Tagesordnung
   (Redaktion eines abschließenden Dokuments)

4. Erklärungen: Vorsitzender
Schweiz, Norwegen, Portugal
5. Beschlüsse: Es bestand allgemeines Einvernehmen darüber, daß bezüglich des Entwurfs eines Abschließenden Dokuments, das durch die Einfügung der Ergebnisse der Auslosung und durch die Hinzufügung des Textes des Mandats für Verhandlungen über Konventionelle Streitkräfte in Europa vervollständigt worden war, Konsens erzielt wurde.
6. Vorbehalte und Interpretative Erklärungen entsprechend Artikel 79 der Schlußempfehlungen der Helsinki-Konsultationen:
a) Die Delegation Rumäniens gab folgende Erklärung ab: » . . . Gleichzeitig stellen wir fest, daß unter dem Vorwand der Sorge um die Menschenrechte und die Religionsfreiheit im Abschließenden Dokument Bestimmungen aufgenommen und beibehalten wurden, die weder mit den Prinzipien und dem Geist der Schlußakte von Helsinki, noch mit den Gegebenheiten der Zeit, in der wir leben, übereinstimmen und auch nicht mit den internationalen Regeln und Vorschriften in Einklang stehen, die von den Staaten angenommen wurden. Solche Bestimmungen können den Weg bereiten zur Einmischung in die inneren Angelegenheiten anderer Staaten, zur Verletzung der nationalen Unabhängigkeit und Souveränität und können rückschrittliche Aktivitäten und Äußerungen von Fortschritts- und Bildungsfeindlichkeit anregen und ermutigen. Ebenso wurden darin Bestimmungen beibehalten, die in Wirklichkeit zur Auswanderung verleiten und die Abwanderung geistigen Potentials ermutigen können, was eine Beeinträchtigung der Interessen der wirtschaftlichen und sozialen Entwicklung der Völker, insbesondere der am wenigsten entwickelten, darstellt. Während der Arbeit des Treffens hat Rumänien seine Anmerkungen und Vorbehalte zu den einzelnen Kapiteln angebracht und konkret die Probleme aufgeworfen, die im Dokument keiner angemessenen Lösung zugeführt worden waren; diese Anmerkungen und Vorbehalte halten wir noch immer aufrecht. In Anbetracht all dessen erklärt die rumänische Delegation, daß Rumänien sich nicht verpflichtet, jene Bestimmungen des Abschließenden Dokuments durchzuführen, zu denen es Anmerkungen und Vorbehalte vorgebracht hat, die nicht angenommen wurden, Bestimmungen, die es als ungeeignet erachtet. Da jedoch das Dokument als Ganzes wichtige Bestimmungen hinsichtlich der Stärkung der Sicherheit sowie der Entwicklung der Zusammenarbeit in Europa enthält, und in dem Bestreben, seinen Beitrag zu den Bemühungen zu

leisten, die in der Folge die Ziele, denen sich unsere Staaten ver-
schrieben haben, voranbringen sollen, ist die rumänische Delegation ermächtigt, sich – mit den oben erwähnten Vorbehalten –
dem Konsens über die Annahme des Entwurfs eines Abschließenden Dokuments anzuschließen. Rumänien bekräftigt seinen
auch im Verlauf der Arbeiten geäußerten Standpunkt, demzu-
folge alle Bestimmungen dieses Dokuments – so wie es auch im
Dokument selbst festgehalten ist – im Rahmen der Verfassung,
der innerstaatlichen Gesetze und Vorschriften jedes Landes, im
Rahmen seiner Traditionen und seiner besonderen Verhältnisse
und, gleichzeitig, in einem Geist der Zusammenarbeit unter
strikter Achtung der Prinzipien, welche die Beziehungen zwischen den Teilnehmerstaaten leiten, anzuwenden sind.«

b) Die Delegation des Vereinigten Königreichs gab folgende Erklärung ab: »Im Namen der Regierung des Vereinigten Königreichs, der Vereinigten Staaten von Amerika und Frankreichs
möchte ich erklären, daß die Punkte der Vereinbarung, die sich
bei den Wiener Gesprächen hinsichtlich der Mandate für die
Verhandlungen über Konventionelle Streitkräfte in Europa sowie für die Verhandlungen über Vertrauens- und Sicherheitsbildende Maßnahmen ergeben haben, die vierseitigen Rechte und
die vierseitige Verantwortung in bezug auf Berlin und Deutschland als Ganzes nicht berühren und in keiner Weise berühren
können. Ich ersuche, diese Erklärung in das Tagesjournal aufzunehmen.«

c) Die Delegation der Union der Sozialistischen Sowjetrepubliken
gab folgende Erklärung ab: »Im Zusammenhang mit der Erklärung der Delegation des Vereinigten Königreichs erklärt die Delegation der Union der Sozialistischen Sowjetrepubliken, daß sie
diese nur auf die Vereinbarungen betreffend die Verhandlungen
über Konventionelle Streitkräfte in Europa und die Verhandlungen über Vertrauens- und Sicherheitsbildende Maßnahmen in
Europa beziehen könnte. In diesem Sinne erklärt die Delegation
der UdSSR, daß nichts in den genannten Vereinbarungen die
Rechte und die Verantwortung der Vier Mächte und die einschlägigen vierseitigen Abkommen, Beschlüsse und Praktiken
wie auch die Rechte und Pflichten der Teilnehmerstaaten hinsichtlich der Charta der Vereinten Nationen und der von ihnen
zu einem früheren Zeitpunkt abgeschlossenen Verträge und Abkommen berührt. Was den in der Erklärung der Delegation des
Vereinigten Königreichs verwendeten Ausdruck ›Berlin und
Deutschland als Ganzes‹ betrifft, so ist der Standpunkt der So-

wjetunion in dieser Hinsicht gut bekannt. Die Delegation der Union der Sozialistischen Sowjetrepubliken ersucht, die vorliegende Erklärung in das Tagesjournal aufzunehmen.«

d) Die Delegation Polens gab im Namen der Delegationen Bulgariens, der Deutschen Demokratischen Republik, Polens, Rumäniens, der Tschechoslowakei, Ungarns und der Union der Sozialistischen Sowjetrepubliken folgende Erklärung ab:»Im Zusammenhang mit der im entsprechenden Unterabschnitt des Abschließenden Dokuments wiedergegebenen Vereinbarung über die Abhaltung von Verhandlungen über Vertrauens- und Sicherheitsbildende Maßnahmen, um auf den bei der Stockholmer Konferenz erzielten Ergebnissen aufzubauen und sie zu erweitern, sowie mit dem Ziel, einen neuen Satz einander ergänzender vertrauens- und sicherheitsbildender Maßnahmen auszuarbeiten und anzunehmen, in Wien ab 6. März 1989, möchte die Delegation Polens im Namen der Delegationen Bulgariens, der Deutschen Demokratischen Republik, Polens, Rumäniens, der Tschechoslowakei, Ungarns und der Union der Sozialistischen Sowjetrepubliken erklären, daß die genannten Staaten ihre Absicht bekräftigen, bei diesen Verhandlungen Fragen der Ankündigung selbständiger Manöver der Luft- und der Seestreitkräfte, der Begrenzung des Ausmaßes militärischer Aktivitäten und in weiterer Folge auch die Frage der Einbeziehung des Territoriums aller Teilnehmerstaaten der KSZE in die Ankündigung zur Sprache zu bringen.«
. . .

12. Vorbehalte und Interpretative Erklärungen entsprechend Artikel 79 der Schlußempfehlungen der Helsinki-Konsultationen:
. . .

c) Die Delegation Kanadas gab folgende Erklärung ab:
»In bezug auf die Erklärung, die der verehrte Vertreter Rumäniens zu einem früheren Zeitpunkt in dieser Sitzung abgegeben hat, möchte die Delegation Kanadas auf Regel 4 der Verfahrensregeln hinweisen, die wie folgt lautet:
›4. Die Beschlüsse der Konferenz werden durch Konsens gefaßt. Konsens ist gegeben, wenn kein Vertreter einen Einwand erhebt und diesen als Hindernis für die anstehende Beschlußfassung qualifiziert.‹
Die Konferenz hat nun durch Konsens das Abschließende Dokument des Wiener Treffens angenommen. Die kanadische Delegation ist der Ansicht, daß in Übereinstimmung mit der Praxis und den Verfahren der Schlußakte von Helsinki und des Helsinki-Prozesses insgesamt alle Bestimmungen des Dokuments

für alle Teilnehmerstaaten in gleicher Weise bindend sind. Ich ersuche ferner, daß diese interpretative Erklärung in Übereinstimmung mit Artikel 79 der Verfahrensregeln vom Exekutivsekretariat ordnungsgemäß registriert und an die Teilnehmerstaaten mittels Aufnahme in das Tagesjournal dieser Plenarsitzung verteilt wird.«

d) Die Delegation der Türkei gab folgende Erklärung ab:

»Im Namen der Delegation der Türkei möchte ich die folgende Erklärung zum Kapitel des Abschließenden Dokuments über die Folgen der Konferenz abgeben.

Meine Delegation zählt zu jenen, die Vorbehalte bezüglich der immer größer werdenden Zahl von Folgetreffen geäußert haben. Wir sind nach wie vor der Ansicht, daß man diese Zahl wesentlich hätte verringern können, wenn die von anderen europäischen Foren gebotenen Möglichkeiten in vollem Umfang genutzt würden.

Ein Aspekt, auf den ich kurz eingehen möchte, ist in dieser Hinsicht die Beziehung dieser Treffen zum KSZE-Prozeß selbst. Allgemein wird davon ausgegangen, daß es sich dabei nicht einfach um Fachtreffen handelt, von denen jedes für sich nach seinen Ergebnissen zu beurteilen ist, sondern daß sie alle politischen Charakter haben und Teil des Prozesses sind.

In diesem Zusammenhang möchte ich das Umweltschutztreffen erwähnen, das von der Regierung Bulgariens veranstaltet wird. Wie meine Delegation mehrfach deutlich erklärt hat, sind wir nach wie vor – milde gesagt – unglücklich über die Art und Weise, wie in diesem Teilnehmerstaat die moslemische türkische Minderheit behandelt wird, und über die wenig entgegenkommende Haltung der bulgarischen Behörden in Tausenden konkreten Fällen von Familienzusammenführung, insbesondere minderjähriger Kinder.

Wir hoffen aufrichtig, daß angesichts der Bestimmungen des Abschließenden Dokuments, das wir heute angenommen haben, sich diese Haltung ändern wird und alle offenen Fälle in der Zwischenzeit gelöst werden. Andernfalls wird meine Regierung im eigenen Land mit starkem Widerstand konfrontiert sein, wenn sie beschließt, eine Delegation nach Sofia zu entsenden. Meine Regierung kann einen solchen Widerstand nicht ignorieren. Wir möchten daher die betroffene Delegation eindringlich dazu aufrufen zu überlegen, welche Risiken mit einer solchen Situation verbunden sind, einer Situation, die leicht vermieden werden kann, wenn ihre Behörden die nötigen Schritte setzen.

Ich möchte noch hinzufügen, daß in dieser Frage auch von Bedeutung sein wird, inwieweit dort in Übereinstimmung mit den vom Wiener Treffen und anderen Treffen festgelegten Regeln der Zugang gewährleistet sein wird.«

e) Die Delegation Bulgariens gab folgende Erklärung ab: »Im Zusammenhang mit der Erklärung der Delegation der Türkei erklärt die Delegation der Volksrepublik Bulgarien folgendes:

1. Wie in der Vergangenheit mehrfach erklärt wurde, gab und gibt es in Bulgarien keine nationale türkische Minderheit, weshalb wir die Erklärung der türkischen Delegation in der heutigen Plenarsitzung als gegenstandslos betrachten.

2. Jegliche Handlungen, die gegen das Konsensprinzip verstoßen und den von der KSZE bereits gefaßten Beschlüssen widersprechen, werden einen ernsten Präzedenzfall schaffen und künftige Veranstaltungen im Rahmen des gesamteuropäischen Prozesses gefährden. In solchen Fällen wird die gesamte Verantwortung jener Staat tragen, der einen solchen Schritt setzt.

3. Die Volksrepublik Bulgarien wird in Übereinstimmung mit den allgemeingültigen KSZE-Regeln und dem Abschließenden Dokument des Wiener Treffens mit allen zu Gebote stehenden Mitteln die für eine erfolgreiche Durchführung des Umweltschutztreffens in Sofia von 1989 erforderlichen Bedingungen schaffen. Wir werden Handlungen, die auf eine Gefährdung des Umweltschutztreffens in Sofia hinauslaufen, als fehlende Bereitschaft auffassen, sich den gesamteuropäischen Umweltschutzbestrebungen anzuschließen. Wir werden solche Handlungen auch als Abweichung von den auf diesem Gebiet bereits übernommenen Verpflichtungen betrachten.«

Die Reaktionen der Weltpresse auf die Annahme des Schlußdokuments waren insgesamt positiv. Man sprach vom erfolgreichen Ende des »KSZE-Krimis«. Zumindest die spannenden Schlußverhandlungen hatten die Aufmerksamkeit der Medien gefunden.

Sonst war dies während des Wiener Treffens kaum der Fall. Auch in den Kaffeehäusern der Donau-Metropole blieb das Kürzel KSZE ein Fremdwort. Dafür waren allerdings nicht die fähigen Wiener Journalisten, etwa die zu wahren KSZE-Experten »herangebildeten« Vertreter der »Presse« und des »Standard«, verantwortlich. Sie berichteten und kommentierten das KSZE-Konferenzgeschehen in der Hofburg (November 1986/April 1987) und dann bis zum Konferenzende im Austria Center mit kritischer Sachkunde. (In das weit außerhalb der Stadtmitte gelegene Austria Center hatte Österreichs Bundeskanzler Vranitzky die KSZE-Gäste seines Landes gegen ihren ausdrücklichen Willen zwangsverfügt, obgleich die 34 Gast-Delegationen zu 98 Prozent die Konferenzkosten selbst trugen.) Auch die Vertreter einiger Nachrichtenagenturen, insbesondere von dpa, Reuter und AFP, wandten sich in interessanten Konferenzphasen der KSZE zu und verbreiteten oft erstaunlich detaillierte und sachliche korrekte Nachrichten in der Welt. Medienvertreter großer Fernsehsender oder fachlich qualifizierte sogenannte diplomatische Korrespondenten ließen sich ebenfalls ab und zu in Wien blicken; die Qualität ihrer Berichte oder Sendungen war allerdings von unterschiedlichem Niveau, bei solchen Stippvisiten wohl nicht anders zu erwarten.

Selbstverständlich war es vor allem die Aufgabe der Delegationssprecher, die vielfältigen und zuweilen komplexen KSZE-Materien verständlich und knapp, aber trotzdem ohne verfälschende Vereinfachungen, aufzubereiten. Dazu war stets nur wenig Zeit, weil wohl keine Delegation in Wien ein Mitglied ausschließlich für die Pressearbeit abstellen konnte. Der »Nebenjob« hatte jedoch für den jeweiligen Inhaber den Vorteil, aus dem Insiderbetrieb gelegentlich zu entkommen und gezwungen zu sein, im Gespräch mit normalen Menschen Fachidiotie und Jargon der KSZE zu überwinden.

Gewiß den Höhepunkt seiner Karriere als Delegationssprecher – und gleich danach den tiefen Fall – erlebte der Verfasser dieser Zeilen wenige Tage vor Abschluß des Wiener Treffens. Kurzfristig hatte er seinen Delegationsleiter auf einer internationalen Pressekonferenz zu vertreten, wo sich rund 60 Journalisten drängten. Sie waren nach Wien eingeflogen, um den stündlich erwarteten Abschluß hautnah miterleben zu können, hatten sich aber in der Mehrzahl offensichtlich vorher noch nie mit der KSZE befaßt. Einleitend erklärte der bundesdeutsche Sprecher, die Abwesenheit seines Chefs entschuldigend: »Ich bin der Sprecher der deutschen Delegation, habe aber eigentlich nichts zu sagen.« Dann fuhr er fort, gleichwohl sei er zu Auskünften über den Konferenzstand bereit, und tat dies eine gute Stunde lang. Das Mittagsjournal des österreichischen Rundfunks berichtete darüber und blendete als einziges Zitat »im O-Ton« eben den zitierten Satz ein. Der glücklose Sprecher dieses Satzes wurde daraufhin von einigen Bekannten zu seiner ausgiebigen Aussage aufrichtig beglückwünscht. Trotz dieser abkühlenden Erfahrung in der harten Welt der Medien gab er Wiener Journalisten immer gerne die erbetenen »Wortspenden« (ein im Hochdeutschen nicht geläufiger Begriff), einfach weil der liebenswürdige Charme der Österreicherinnen oder Österreicher, vorgetragen in einem »Deutsch mit Schlagobers« (so die Definition des Verfassers für die österreichische Sprache), negative Repliken im Stile von »No comment, and that's off the record« unstatthaft erscheinen ließe.

Von dem knapp 50 Seiten umfassenden Wiener Schlußtext wurde gesagt, er definiere einen neuen Standard für Sicherheit und Zusammenarbeit in Europa und formuliere die gesamteuropäische Entspannungspolitik außerordentlich detailliert. Zumindest theoretisch seien beim »neuen Wiener Kongreß« (so der Wiener »Standard« am 16. 1. 1989) einige Relikte aus der Zeit des Kalten Krieges beiseite geräumt und der Weg für konkretes Handeln frei geworden.

Zum guten Schluß:
wieder die Außenminister der 35

Noch einmal nahm Österreich die Gelegenheit wahr, den Gästen aus den anderen 34 Teilnehmerstaaten Gastfreundschaft großzügig und im glanzvollen Rahmen zu beweisen.

Wie großzügig Österreich die KSZE-Diplomaten und ihre Familien von Anfang bis Ende des Wiener Treffens umsorgt hatte, läßt sich aber nicht allein an den Höhepunkten der Konferenz bemessen, sondern weit objektiver am Konferenzalltag. Hierfür waren der Exekutivsekretär Botschafter Dr. Helmut Liedermann und seine kompetenten, jederzeit hilfsbereiten Mitarbeiter mehr als zwei Jahre lang zuständig. Botschafter Liedermann und sein Team wirkten zugleich effizient und diskret, kümmerten sich um alle Wünsche der Delegationsleiter ebenso wie um die Belange von »einfachen« Delegierten. Die vielen Einladungen zu Festen und Ausflügen, die der Exekutivsekretär gab, boten zugleich willkommene Abwechslung und die gern genutzte Gelegenheit zu den unentbehrlichen informellen Kontakten der Verhandler. Botschafter Liedermann, ein erfahrener und umsichtiger Kenner des KSZE-Prozesses seit seinen Anfängen, war auch hinter den Kulissen einfühlsam und mit Takt tätig, um die nicht selten gereizte Atmosphäre zu dämpfen und um KSZE-Novizen aus Ost und West aus dem Fundus seiner großen KSZE-Expertise oft erbetene Ratschläge zu geben. Der in jedem KSZE-Dokument traditionell ausgesprochene Dank an die Gastgeber ist in diesem Fall nicht Routine, sondern, an die Adresse von Botschafter Liedermann gerichtet, die uneingeschränkte Anerkennung, ja Bewunderung für hervorragende Leistungen, die Österreich viele neue Freunde gewonnen haben.

Fast alle Außenminister kamen nach Wien, auch der amerikanische Außenminister George Shultz zu seinem letzten großen internationalen Auftritt. Shultz hatte einige Wochen vorher bereits die österreichische Regierung vertraulich wissen lassen, er wünsche sich zum krönenden Abschluß des Wiener Treffens – und seiner eigenen Amtszeit – einen Ball. Wiens rühriger und weltläufiger Bürgermeister Helmut Zilk stellte gerne das Rathaus für ein fröhliches Tanzfest zur Verfügung, und Shultz tanzte mehrere Stunden aufgekratzt mit den attraktivsten Damen. Am nächsten Tag war sein Bild, gemeinsam mit einer Tanzpartnerin, der in Österreich bekannten Schauspielerin Dagmar Koller, der Frau von Bürgermeister Zilk, auf den Titelseiten der Boulevard-Zeitungen zu bewundern. Auch die anderen Minister und die erschöpften Delegierten genossen an diesem Abend im Rathaus »Entspannung« einmal anders. Der sowjetische Delegationsleiter Botschafter Jurij Kaschlew zeigte sich ebenfalls als leidenschaftlicher Tänzer und sang lautstark – und durchaus musikalisch – den Text amerikanischer Evergreens mit. Shultz und Kaschlew waren bei weitem nicht die ersten Diplomaten der Geschichte, die gerne tanzen. Bismarck erzählt in seinen »Gedanken und Erinnerungen« vom gesundheitlichen Nutzen des Tanzens und berichtet über sarkastische Bemerkungen des preußischen Königs:

»Er sagte mir zum Beispiel: ›Man macht es mir zum Vorwurf, einen leichtsinnigen Minister gewählt zu haben. Sie sollten den Eindruck nicht dadurch verstärken, daß Sie tanzen.‹ Ein tanzender Staatsmann fand in seinen Vorstellungen nur in fürstlichen Ehrenquadrillen Platz; im raschen Walzer verlor er bei ihm an Vertrauen auf die Weisheit seiner Ratschläge.«

Österreichs Bundeskanzler Franz Vranitzky lud seinerseits die Minister und die Delegationen in das selten zugängliche Schloß Schönbrunn, wo einmal mehr Minister eng zusammensaßen und sich bei den Walzerklängen der Lehár-Kapelle vielleicht nicht nur über den Ernst der Weltlage unterhielten.

Außenminister Alois Mock gelang es, zu dem sogenannten Buffet-Lunch, wozu er die Außenminister und die Delegationsleiter in den Redoutensaal der Hofburg eingeladen hatte, selbst zu spät zu kommen. Dies löste bei seinen Spitzenbeamten einige Nervosität aus, nicht aber bei den bereits erschienenen Ministern Schewardnadse, Sir Geoffrey Howe und Hans-Dietrich Genscher. Sie trugen die Verspätung mit Gelassenheit und nutzten die Zeit zum geübten, lockeren »small talk«.

Die Schlußerklärungen der Minister wurden in öffentlichen Sitzungen abgegeben; die Medien waren dabei, aber auch jeder interessierte Bürger hatte die Möglichkeit, den Ministern im Austria Center zuzuhören.

Naturgemäß zogen die Minister Bilanz; sie würdigten das Wiener Schlußdokument und äußerten sich zur Zukunft des KSZE-Prozesses. Euphorische Bewertungen gab es jedoch nicht, denn noch während der Schlußtage des Wiener Treffens machten die groben Übergriffe der Sicherheitskräfte in Prag und in Leipzig Schlagzeilen. Die meisten westlichen Außenminister, darunter Shultz, Genscher und Howe, kritisierten diese Verstöße gegen frisch eingegangene KSZE-Verpflichtungen und wiesen grundsätzlich auf die fortbestehenden Mißstände in Europa hin. So ging etwa Genscher auf die Teilung Europas und Deutschlands ein und, genauso wie Shultz und

Howe, auf das Berlin-Problem; er erklärte:»Alles, was künstlich trennen soll, wird immer anachronistischer – die Mauer in Berlin ist ein solches Relikt. Nutzen wir die Möglichkeiten, die Lage in Europa grundlegend zu verändern, gehen wir den Weg, den europäischen Friedensweg, entschlossen weiter.«

Auf die Kritik an der Menschenrechtslage in ihren Staaten reagierten die Angegriffenen gereizt und offensiv. Der tschechoslowakische Außenminister Jaromir Johanes erwiderte:»Man soll nicht mit dem Finger auf die anderen zeigen, was im Falle der ČSSR erfolgt ist, sondern vor der eigenen Tür kehren.« Sein Land habe immer auf die Erfüllung der KSZE-Bestimmungen geachtet, aber»Aktionen, die sich gegen die gesetzliche und öffentliche Ordnung richteten, können von keiner Regierung toleriert werden«, erklärte Johanes.

Der Außenminister der DDR, Oskar Fischer, führte zur Verwirklichung der Menschenrechte in seinem Staat aus:»Was den sozialistischen deutschen Staat betrifft, so sind wir stolz auf das bei uns Erreichte. Die Ausbeutung des Menschen durch den Menschen ist beseitigt.« Fischer ging sodann zu einem expliziten Gegenangriff über und erklärte, die Menschenrechte würden in einer Reihe von Ländern ungeachtet aller KSZE-Vereinbarungen auf die gröbste Weise verletzt. Er erinnerte an schwere Ausschreitungen von mehr als 1000 Polizisten gegen die Einwohner des afro-amerikanischen Ghettos Overtown in Miami, die u. a. zwei Tote zur Folge gehabt hätten. Weiter sagte er wörtlich, offensichtlich mit Bezug auf Demonstrationen in West-Berlin:»Und quasi vor der Haustür der DDR wurden bei brutalen Polizeiaktionen gegen streikende Studenten zwei von ihnen verletzt und 55 festgenommen. Diese und viele andere schwerwiegende Verletzungen der Menschenrechte gehören leider in manchen westlichen Ländern zum Alltag.«

Rumäniens Außenminister Ioan Totu bekräftigte die interpretative Erklärung seiner Delegation zum Schlußdokument mit der Feststellung, einige der Bestimmungen, die im Namen der Anliegen für Freizügigkeit und religiöser Freiheiten eingeführt worden wären, würden von Prinzipien und Geist der Schlußakte abweichen. Tatsächlich stünden sie im Widerspruch zu internationalen Normen und Regeln. Zuvor hatte Totu Kritik, etwa in der Erklärung von Außenminister Shultz, an Rumänien zurückgewiesen und erklärt, der Vertreter der USA sei an der Schwächung der Position des Sozialismus interessiert und stelle deswegen die Wirklichkeit in den sozialistischen Ländern, darunter Rumänien, in einer verzerrten Art und Weise dar.

Totus Nachfolger nach dem Sturz Ceausescus, Sergiu Celac, ließ bei den VVSBM am 15. Januar 1990 ebenfalls in Wien offiziell die Rücknahme der Interpretativen Erklärung verkünden:

».. . Das rumänische Volk, das gegen seinen eigenen Willen durch das alte Regime von dem durch die Schlußakte von Helsinki eingeleiteten Prozeß ferngehalten wurde und nun frei über sein Schicksal bestimmen kann, ist bereit, sich unter den neuen, durch die Schaffung einer wirklich demokratischen Gesellschaft entstandenen Bedingungen vollständig dem gesamteuropäischen Prozeß anzuschließen. Das Ministerium für auswärtige Angelegenheiten ist ermächtigt, offiziell zu erklären, daß Rumänien seine »formellen Vorbehalte und interpretativen Erklärungen« zurücknimmt, die am 15. Januar 1989 auf Weisung des alten Regimes im Zusammenhang mit dem Abschließenden Dokument des Wiener Treffens der Konferenz über Sicherheit und Zusammenarbeit in Europa vorgebracht wurden, und bestätigt, daß Rumänien dieses Dokument in seiner Gesamtheit annimmt. Rumänien wird danach trachten, alle Bestimmungen dieses Dokuments nach Treu und Glauben zur Gänze zu erfüllen, und ist entschlossen, gemeinsam mit den anderen europäischen Staaten auf dem Kontinent zur Schaffung eines Klimas des Friedens und der Sicherheit und einer freien Zusammenarbeit zwischen den Völkern in verschiedenen Bereichen beizutragen.«

Österreichs Außenminister Mock ließ sich von der Zuhehörigkeit seines Landes zur NuN-Gruppe und von der traditionellen Zurückhaltung des Gastgebers nicht daran hindern, Menschenrechtsverletzungen zur Sprache zu bringen. Er gab Beispiele davon, daß weiterhin die Religionsfreiheit mißachtet, Dissidenten verfolgt, nationale Minderheiten diskriminiert und in ihrem Bestand gefährdet würden. Mock bedankte sich auch für den Beschluß des Wiener Folgetreffens, Wien erneut als Tagungsort, dieses Mal für die beiden militärischen Konferenzen, festzulegen. (Die Zustimmung war allerdings erst nach der von Östereichs Regierung ausdrücklich gegebenen Zusage erteilt worden, die Konferenz in der Hofburg abzuhalten – späte »Revanche« an Bundeskanzler Vranitzky, der wie geschildert die 35 in das Austria Center zwangsverfügt hatte.)

Den Chor der östlichen Reformer bildeten Ungarns Außenminister Várkonyi und sein polnischer Kollege Olechowski gemeinsam mit Schewardnadse. Várkonyi erwähnte die tiefgreifenden wirtschaftlichen und politischen Neuerungen in seinem Lande und erklärte, die Modernisierung der politischen Institutionen sowie die Erweiterung demokratischer Rechte stünden im Einklang mit dem Geist des Wiener Schlußdokuments. Olechowski plädierte für die Überwindung von Stereotypen angesichts der rasanten neuen Entwicklung in den Ost-West-Beziehungen. Er warnte vor alten Verhaltensmustern mit dem Satz:»Wir müssen darauf achten, daß die uns umgebende Welt den Helsinki-Prozeß nicht überholt.«

Außenminister Schewardnadse bezeichnete die Wiener Vereinbarungen als ein neues Phänomen im Helsinki-Prozeß, einen grundsätzlich neuen Meilenstein auf dem Weg zu einem qualitativ neuen Europa. Viel zitiert wurde die folgende Passage aus seiner Erklärung: »Die Wiener Vereinbarung hat den Eisernen Vorhang ins Wanken gebracht, hat seinen rostigen Untergrund geschwächt, hat neue Risse in ihn hineingebracht und seinen Zerfall beschleunigt. Sie hat unter dem Druck warmer Strömungen das Flußbett des Kalten Krieges zum Schrumpfen gebracht . . .«. Pathetisch schloß er seine vielbeachtete Rede mit dem Satz: »Wie immer groß die Bürde des Verhandlungsalltags gewesen sein mag, so verdunkelt sie doch nicht den weitblickenden Europäern die sie begeisternden Ideale: Europa ist Vertrauen. Europa ist Offenheit!«

Die Mehrzahl der anderen hochrangigen Regierungsvertreter schlossen sich dieser optimistischen, zukunftsgewandten Einstellung an, ließen allerdings auch ein gesundes Maß an Skepsis angesichts der andauernden Mißachtung der Menschenrechte anklingen. Sir Geoffrey Howe betonte, für die Verantwortung der TNS, Menschenrechte und Freiheiten zu gewährleisten, bedürfe es in der Praxis nicht nur des Engagements, sondern auch der Aktion. Mit unüberhörbarer Ironie stellte er fest: »Ein Wandel nicht allein des Stils, sondern der Gesinnung ist notwendig; denn man kann es kaum Fortschritt nennen, wenn ein Kannibale plötzlich mit Messer und Gabel umgehen kann.«

Am Rande der Schlußveranstaltung des Wiener Folgetreffens fanden, wie schon zur Eröffnung im November 1986, eine Fülle von bilateralen Kontakten und Gesprächen zwischen den Außenministern statt. Im Vordergrund stand zweifellos der für Anfang März 1989 festgelegte Beginn der beiden Konferenzen über die militärische Sicherheit. Auch neue Ideen aus den Schlußerklärungen der Minister wurden diskutiert oder in Pressekonferenzen bereits öffentlich kommentiert. So begrüßte Frankreichs Außenminister Roland Dumas grundsätzlich den von Schewardnadse unterbreiteten Vorschlag, ein Gipfeltreffen der 35 KSZE-Staaten zu veranstalten, wies aber staatsmännisch-unverbindlich darauf hin, ein solches Treffen müsse zum richtigen Zeitpunkt stattfinden, alle Themen des KSZE-Prozesses und nicht nur Abrüstungsfragen behandeln.

Zum Gespräch zwischen Schewardnadse und Hans-Dietrich Genscher war zu hören, beide Minister seien der – sich bald bestätigenden – Ansicht, daß die zwei künftigen Verhandlungen über Militärische Sicherheit (VVSBM und VKSE) immer wieder Impulse auf Ministerebene brauchen würden.

Auch bei dieser Schlußveranstaltung wurde die Möglichkeit genutzt, die Aufmerksamkeit der Medien auf Menschenrechtsfragen zu lenken. So gab es in der Eingangshalle des Austria Center am letzten Konferenztag eine nicht angemeldete Kundgebung von etwa 30 maskierten Türken und Kurden. Auf Transparenten und in Sprechchören forderten sie »Tod dem Faschismus in der Türkei« und »Freiheit für Kurdistan«. Nach etwa 15 Minuten wurden die Demonstranten unter Polizeibegleitung des Hauses verwiesen, erfreulicherweise ohne daß Gewaltanwendung nötig war. Hier ist die Anmerkung angebracht, daß der Exekutivsekretär Botschafter Dr. Helmut Liedermann in hervorragender Abstimmung mit den kompetenten österreichischen Sicherheitsbehörden Demonstranten im Verlaufe des gesamten Wiener Treffens alle Möglichkeiten zur öffentlichen Darstellung ihrer Petita bot, solange sie die völkerrechtlich, vor allem im Internationalen Pakt über Bürgerliche und Politische Rechte, niedergelegten Einschränkungen von Versammlungs- und Demonstrationsfreiheit beachteten. Die geschmeidige und zugleich großzügige Praxis auf dem Wiener Treffen ist beispielgebend für die kommenden KSZE-Treffen.

Die Wiener Ergebnisse
Schlußbilanz positiv

Die Gesamtwertung zu den im Wiener Schlußdokument getroffenen KSZE-Neuverpflichtungen fiel in den ersten Analysen von KSZE-Experten insgesamt sehr positiv aus.

So hat etwa Jeane Kirkpatrick, Ronald Reagans frühere UNO-Botschafterin und gewiß eine ebenso unbestechliche wie scharfsinnige Kennerin der Weltpolitik, für ihre Verhältnisse ein nachgerade überschwengliches Urteil über das Wiener Schlußdokument gefällt. In der »Los Angeles Times« (abgedruckt in der »International Herald Tribune« am 22. 1. 1989) führt sie u. a. aus: Wenn die Versprechen von Wien zu den Menschenrechten gehalten würden, würde sich das Wiener Dokument als weit wichtiger erweisen als die INF- und START-Verträge zusammen. Andrej Sacharow habe zu Recht die entscheidend wichtige Verbindung von Menschenrechten, Demokratie und Krieg hervorgehoben: »Demokratien fangen keine aggressiven Kriege an.« Frau Kirkpatrick meinte, es sei potentiell bedeutsam, daß die Sowjetunion nunmehr grundsätzlich die politischen und bürgerlichen Rechte achten wolle.

Hier der Versuch, einige Posten zum »Soll und Haben« des dritten KSZE-Folgetreffens und seines Ausgangs nüchtern aufzulisten. Zweifellos hatte das Wiener Treffen unvertretbar lange gedauert.

Gegenüber den insistenten Fragen der Presse, wie lange das Treffen noch dauere, rettete sich der Verfasser – in seiner Funktion als Delegationssprecher – in die Devise aus »Alice's Adventures in Wonderland«: »Begin at the beginning and go on till you come to the end: then stop.«

Der Gesamtentwurf der NuN vom 13. Mai 1988 hätte – mit wenigen Veränderungen – bereits ein paar Wochen später angenommen werden können. Die Lösung der bis zuletzt offengebliebenen Hauptstreitfragen auf dem Gebiet der Menschenrechte und zum Mandat der 23 wäre mit denselben Resultaten durchaus ein halbes Jahr früher möglich gewesen. Doch insbesondere maximalistische Nachbesserungsforderungen anglo-amerikanischer Delegationen haben das Wiener Treffen über Gebühr, mindestens ein halbes Jahr, verschleppt und damit z. B. den überfälligen Beginn der allseits ge-

147

wünschten Verhandlungen über Konventionelle Streitkräfte in Europa exzessiv herausgezögert.

Mit der erfolgreichen Annahme des Wiener Schlußdokuments am 15. Januar 1989 erschien die allzu lange Dauer des Folgetreffens in einem rosigeren Licht. Nachträglich ließ sich leichter sagen, daß die zähen und harten Redaktionsarbeiten am Schlußdokument belegten, wie ernst die 35 künftig einzugehende Verpflichtungen nehmen würden, wie sehr es ihnen um die Substanz ginge. (Hatte man doch nach Unterzeichnung der Schlußakte 1975 den östlichen Machthabern sogleich die sich später leider bewahrheitende Absicht nachgesagt, das Menschenrechtsprinzip von Anfang an unbeachtet zu lassen.)

Die spürbare Verbesserung der West-Ost-Beziehungen während der Wiener Verhandlungen 1986 bis 1989 hatte nicht die erhoffte unmittelbare Auswirkung auf das Konferenztempo. Vielleicht war die allzu lange Verhandlungsdauer auch darin begründet, daß sich im Zeichen von Glasnost und Perestrojka, im Geiste des »Neuen Denkens« unter den KSZE-Teilnehmern der verständliche Ehrgeiz entwickelte, ein Schlußdokument von wahrhaft zeitgerechter Güte zustande zu bringen, ein Dokument, das nicht nur den Status quo fixieren würde, sondern mit großen, kühnen Schritten den Aufbruch zu einem neuen Europa wirklicher, umfassender Freiheit und eines dauerhaften Friedens markieren könnte.

Die einzelnen Vereinbarungen zu allen KSZE-Sachgebieten stellen zweifellos bedeutsame Fortschritte im Vergleich zu den beiden vorangegangenen KSZE-Hauptdokumenten, zur Schlußakte von Helsinki 1975 und zum Madrider Schlußdokument von 1983, dar. Dies gilt vor allem für die neuen Verpflichtungen im Bereich der Menschenrechte, sowohl im normativen Teil als auch hinsichtlich der Schaffung des Konsultations- und Kontrollmechanismus im Rahmen der Konferenz über die Menschliche Dimension. Von der besonderen Wichtigkeit des 23er Mandats ist bereits gesprochen worden. Zum Korb III gelang es, die Ausprägung der einzelnen Menschenrechte durch eine Reihe detaillierter, für den Alltag der Menschen im geteilten Europa unmittelbar erheblichen Bestimmungen in einem bisher nicht dagewesenen Maße konkret voranzutreiben.

Schließlich ist das beschlossene KSZE-Folgeprogramm in seiner Bedeutung nicht zu unterschätzen; erstmals sind auch zu Themen des vor Wien so stark vernachlässigten Korbes II Folgeveranstaltungen vereinbart, hervorhebenswert insbesondere das Expertentreffen zum Umweltschutz und die Ost-West-Wirtschaftskonferenz. Alle vereinbarten KSZE-Treffen werden bis zum nächsten Folgetreffen 1992 in Helsinki Chancen der Begegnung und der Öffnung bieten, den Fachleuten aus den TNS die Teilnahme erlauben und auch Medien wie einzelne Bürger einbeziehen. Besonders wichtig ist dies für die in den östlichen Staaten stattfindenden KSZE-Veranstaltungen

(Sofia, Krakau, Moskau), wo der Wiener Standard von Zugang und Offenheit gewiß nicht ohne positive Folgen für weltläufigere und rechtsstaatliche Umgangsweisen der dortigen Behörden bleiben wird. (In Sofia hat sich dies schon nachhaltig bewiesen.)

KSZE-Konferenzen haben sich nie im Selbstzweck erschöpft, vielmehr immer Diskussionsforen mit reichen Multiplikationsmöglichkeiten nach außen hin geboten, unabhängig von den eigentlichen Verhandlungsgegenständen (Bilanz der Implementierung von KSZE-Verpflichtungen, Erörterung und Aushandlung weiterführender Vereinbarungen). Im guten Sinne hat die KSZE mit – und seit – Wien »Europäische Öffentlichkeit« hergestellt.

Wo sind sie geblieben . . .

31

Nach getaner Arbeit konnten die Delegationen der 35 an Aufbruch denken. Zuvor jedoch wurden nicht nur die Büros geräumt, die Wohnungen gekündigt, die Umzüge organisiert und vielleicht Ferienpläne geschmiedet, sondern umfassende Schlußberichte geschrieben und ausführliche Kommentare zum Wiener Schlußdokument angefertigt. Dies ist eine notwendige Nacharbeit, damit spätere KSZE-Delegationen wissen, was eigentlich in Wien ausgehandelt worden ist, von wem Vorschläge ursprünglich eingebracht worden waren und wie sie schließlich im Schlußdokument ihren Niederschlag gefunden hatten. Zudem waren auch bereits die nächsten KSZE-Veranstaltungen vorzubereiten: das Londoner Informationsforum fand ja schon knapp drei Monate nach dem Wiener Abschluß statt, und Ende Mai sollte das erste Treffen im Rahmen der Konferenz über die Menschliche Dimension in Paris beginnen.

Gleichwohl galt es, Abschied voneinander zu nehmen; die meisten Delegierten wurden auf neue Posten versetzt. Wo gingen sie alle hin? – Der amerikanische Botschafter Zimmermann wurde als Leiter der US-Botschaft nach Belgrad versetzt; der britische Delegationsleiter O'Keeffe wurde Botschafter in Prag, also bei jener Regierung akkreditiert, die er so oft und zielsicher wegen grober Menschenrechtsverletzungen attackiert hatte. Der sowjetische Delegationschef Kaschlew ging zunächst in das Außenministerium nach Moskau zurück und wurde im Frühjahr 1990 zum Botschafter in Warschau ernannt. Frankreichs Delegationsleiter Curien ging in Pension; sein Korb-III-Mitarbeiter Serge Smessow wurde wunschgemäß an die französische Botschaft nach Moskau versetzt. Italiens Chefdelegierter Traxler blieb zunächst in Wien bei den VVSBM und ging dann als Italiens Vertreter zur UNO nach New York; sein Korb-III-Mitarbeiter Alessandro Grafini – für den die Definition von Thomas Mann, Bildung sei Genußfähigkeit, im besonderen Maße zutrifft – kehrte nach Rom zurück, um diplomatischer Berater des stellvertretenden Ministerpräsidenten und späteren Außenministers de Michelis zu werden. Eine Reihe von KSZE-Delegationschefs blieben in Wien, um bei den VVSBM und VKSE die Delegationen ihrer Länder zu leiten, so z. B. der Däne Friis-Möller, der Niederländer Meesman (später zum Botschafter in Washington berufen), der Norweger Lian und der Pole Konarski. Der britische Korb III-Experte Philip Hurr nahm zunächst – wie viele andere Experten – noch am Londoner Informationsforum teil und hatte danach die Freude, insgesamt fünf Monate Urlaub zu nehmen; so viel Urlaub hatte sich im Laufe seiner »KSZE-Zugehörigkeit« seit 1984 angehäuft.

Die Zukunft
des KSZE-Prozesses
Schöne Aussichten?

Lady Kent vereinbarte mit Sir Edward Herbert, daß er zu ihr kommen sollte, wenn sie nach ihm schicke, und so lange bei ihr bleiben, wie sie ihn haben wolle; darauf gab er ihr die Hand. Dann vereinbarte er mit ihr, daß er gehen sollte, wenn es ihm gefalle und so lange fern bleiben, wie er wolle; darauf gab sie ihm die Hand. Das ist der Inbegriff aller Verträge in der Welt, zwischen Mensch und Mensch, zwischen Fürst und Untertan: sie halten sie so lange, wie sie wollen, und nicht länger.

John Selden

Die KSZE ist dreierlei.

Zuallererst ein umfassendes Regelwerk für die Beziehungen zwischen den 35 TNS. Hierfür bieten die Schlußakte von Helsinki sowie die beiden Schlußdokumente von Madrid und Wien einen Verhaltenskodex, der aufgrund der in Helsinki geleisteten Unterschriften der Staats- und Regierungschefs hohe politische Bedeutung und moralischen Rang genießt. Das Regelwerk enthält ferner ein umfangreiches Kooperationsspektrum. Die Verhaltensregeln für die Staaten (im Prinzipienkatalog) und die Absichtserklärungen zur Zusammenarbeit bieten gemeinsam den Regierungen, den nichtstaatlichen Organisationen und auch den einzelnen Bürgern in den TNS praktische Anspruchsgrundlagen und Orientierungspunkte zur Verwirklichung zwischenstaatlicher Vereinbarungen und individueller Rechte, vor allem auf dem Gebiet der Menschenrechte.

Wenn im Westen seit 1967 von der Schaffung einer »Europäischen Friedensordnung« gesprochen und wenn im Osten Gorbatschow die Vision eines »Gemeinsamen Europäischen Hauses« propagiert, so sind die KSZE-Vereinbarungen seit Helsinki dazu prädestiniert, die Grundsätze für die »Hausordnung« eines auf Frieden und Sicherheit, auf soziale Gerechtigkeit und die Achtung der Menschenrechte ausgerichteten Europas zu sein oder endlich zu werden. Inzwischen versteht sich von selbst, daß zum KSZE-Europa die beiden nordamerikanischen Staaten, die USA und Kanada, dazugehören; die Sowjetunion erkennt dies ausdrücklich an, und die sechs anderen mittel- und osteuropäischen Staaten (gleichzeitig Mitglieder des Warschauer Pakts) wollen dies ebenso ausdrücklich, nicht zuletzt, weil die amerikanische Präsenz in Europa das auf Dauer solideste Gegengewicht gegen die anachronistisch gewordenen Hegemonialbestrebungen und die früheren imperialen Ansprüche der Sowjetunion (unter dem ideologischen Banner der »kommunistischen Weltrevolution«) bildet.

Nach Wien läßt sich mit gutem Recht sagen, daß die KSZE ihren »Normbedarf« weitestgehend erschöpft hat. Besonders im Wiener Schlußdokument findet sich eine Vielzahl von bis in die kleinsten Einzelheiten gehenden Detailbestimmungen (z. B. im Korb III/Menschliche Kontakte). Worum es jetzt und künftig vor allem gehen muß, ist, die KSZE-Verpflichtungen uneingeschränkt zu verwirklichen: In der tatsächlichen Praxis von Regierungen und Verwaltungsbehörden in den Teilnehmerstaaten und auch, wo erforderlich, durch Umsetzung in neue Gesetze und Verordnungen. Für den einzelnen Bürger muß dies zur unmittelbaren Ausübung seiner Rechte führen. Hier ist zweifellos noch viel zu tun; einige östliche Staaten hinken in der Beachtung der KSZE-Vereinbarungen noch stark hinterher. Die geschaffenen hohen Standards können jedoch in der Öffentlichkeit, durch bilaterale Regierungskontakte und auf KSZE-Treffen durch Fragen und Drängen zur strikten Implementierung des gemeinsam Vereinbarten wirkungsvoll eingesetzt werden. Keine Regierung ist gerne ständig und öffentlich in der Defensive und im Begründungszwang.

An zweiter Stelle ist die KSZE ein weitgefaßtes Forum für den herrschaftsfreien Diskurs zwischen Regierungen, Organisationen und einzelnen Bürgern. Hier können aktuelle Fragen von blockübergreifendem oder grenzüberschreitendem Interesse anhängig gemacht werden. Die Artikulierung von brennenden Problemen ist der erste Schritt zu ihrer Lösung, innerstaatlich durch unilaterale Maßnahmen oder multilateral im KSZE-Rahmen.

Schließlich – und drittens – gewährleistet das auf Folgetreffen vereinbarte Folgeprogramm die Fortsetzung des KSZE-Prozesses durch Konferenzen der 35. Die KSZE – Mechanismen haben sich bewährt; als praktisch, kostensparend und effektiv wird bisher der bewußte Verzicht auf institutionalisierte Bürokratien (abschreckendes Beispiel UNO) empfunden. Im KSZE-Prozeß finden nicht – wie in der UNO, aber auch im Europarat – automatisch Veranstaltungen (mit einer Selbstperpetuierung gemäß Parkinsonscher Gesetze) statt, sondern jeweils spezifisch vereinbarte Konferenzen zu bestimmten Themen. Jedes Folgetreffen entscheidet, welche Frage aktuell und von Interesse für die 35 insgesamt ist und eine Folgeveranstaltung rechtfertigt. Auf die Weise bleibt der KSZE-Kalender flexibel und erstarrt nicht in Routine: KSZE-Treffen bleiben etwas »Besonderes«.

In der Tat ist bereits abzusehen, daß sich die Schwerpunktthemen ändern. Bei den Menschenrechten sind – jedenfalls in den Textvereinbarungen – große Fortschritte zu verzeichnen; zur militärischen Vertrauensbildung ist durch die Stockholmer KVAE und den laufenden VVSBM, zur eigentlichen Abrüstung im konventionellen Bereich mit der Aufnahme der Verhandlungen der 23 ebenfalls bereits Bedeutendes geleistet oder auf den Weg gebracht worden. Bereits beim nächsten Folgetreffen in Helsinki 1992 ist das schon jetzt hörbare Anliegen der NuN zu prüfen, ob die seit Wien getrennten Verhandlungsstränge – VVSBM zwischen den 35 sowie VKSE zwischen den 23 – zusammengeführt werden können. Dies setzt allerdings voraus, daß die 23 ihre auf höchster politischer Ebene erklärte Absicht auch wahrmachen, schon im Laufe des Jahres 1990 ein erstes Abkommen abzuschließen.

Im Korb II ist ein großer Nachholbedarf zu konstatieren. Wenngleich von der West-Ost-Wirtschaftskonferenz im Frühjahr 1990 in Bonn nicht zu viel erwartet werden darf, so wird es dort zumindest möglich sein, Probleme und Fragestellungen, die insbesondere die revolutionären Umwälzungen des Jahres 1989 und der »Konkurs« des RGW aufgeworfen haben, zu diskutieren und vielleicht sogar bereits Weichenstellungen allgemeinen Charakters vorzunehmen. An KSZE-Treffen sollen zwar Experten teilnehmen und bei der Entscheidungsfindung helfen, doch nicht etwa selbst »Herren des Verfahrens« werden und technische, nur für Fachleute durchschaubare Vereinbarungen ausarbeiten. Die Stärke der KSZE muß das Allgemeine bleiben und die Fähigkeit, Tendenzen in der Problementwicklung zu identifizieren und zu lenken. Offensichtlich beherrschen die internationale Tagesordnung zunehmend Themen, die die Grenzen überschreiten und mit ideologischer Abschottung vergangener Zeiten nichts mehr zu tun haben: Umweltschutz, Terrorismus, Drogenverbreitung, die innereuropäische und die weltweite Wirtschaftsverflechtung, die bekannte »technologische Lücke«.

Dagegen würde die weitere Verfeinerung von Detailregelungen die künftig ja eher kürzeren KSZE-Treffen überfordern. Bereits in Wien war bei der Ausarbeitung der Korb II-Bestimmungen festzustellen, daß die Delegierten – meist Diplomaten aus den Außenämtern – überlastet waren und sich weitgehend auf Weisungen der Fachressorts zu verlassen hatten. Wie bereits früher muß die KSZE Arbeit an andere Institutionen delegieren, z. B. an die ECE.

KSZE-Veranstaltungen bieten allen europäischen Staaten das Recht auf Mitbestimmung, ob sie nun klein oder groß sind, ob sie dem westlichen, östlichen oder dem Lager der Neutralen und Ungebundenen derzeit noch zuzurechnen sind. In einer Phase durchgreifenden Wandels in Europa können KSZE-Treffen (mit dem KSZE-Regelwerk als verläßliches Bezugssystem) Klimastationen sein, auf denen die 35 gemeinsam die Temperatur ihrer Beziehungen messen. In den letzten Jahren hat sie sich zweifellos erfreulich entwickelt: von »bewölkt« über »veränderlich« bis zu »heiter«! Unabhängig von Klimaschwankungen und immer wieder vorkommenden Rückschlägen kann und soll die KSZE das Forum des funktionierenden Dialogs mit dem Ziel sein, gestörte Beziehungen zu stabilisieren bzw. zu konsolidieren. Schon Kardinal Richelieu hat die Notwendigkeit einer »Negociation Permanente« beschworen. Die KSZE wird nie besser sein können als die West-Ost-Beziehungen (das hat auch Wien bewiesen), aber in kritischen Phasen des West-Ost-Verhältnisses bietet sie den Kontrahenten – auch den beiden Supermächten – eine Stätte der Begegnung, ohne Gesichtsverlust und ohne den Erfolgszwang groß angekündigter bilateraler Begegnungen. In guten Zeiten dagegen erscheinen KSZE-Treffen beinahe überflüssig: bilateral oder in Zusammenschlüssen ursprünglich wirtschaftlicher Art wie EG und EFTA können die europäischen Staaten direkt oder in kleineren Kreisen, ohne das Dach der 35, miteinander reden. Bei KSZE-Veranstaltungen könnte dagegen das Sonderverhalten weniger die Konsensbereitschaft der überwiegenden Mehrheit bremsen oder gar torpedieren. Auf dem Londoner Informationsforum (im Frühjahr 1989) und bei dem Expertentreffen über Umweltschutz in Sofia (Herbst 1989) verhinderte ein einziger Staat, nämlich Rumänien, die Verabschiedung von Schlußdokumenten und vermochte damit für die nicht so genau hinschauende Öffentlichkeit den Eindruck zu schaffen, es herrsche große Disharmonie in der KSZE. Tatsächlich waren sich jedoch 34 der 35 einig. Mit dem Ende 1989 abrupt möglich gewordenen Beginn eines Demokratisierungsprozesses in Rumänien geht der KSZE-Kurs wieder auf Konsens aller 35.

Europa sollte über den Erfolg des KSZE-Prozesses jedoch nicht selbstzufrieden sein und unbedacht das KSZE-Modell anderen Regionen in der Welt zur Nachahmung anpreisen, selbst wenn das in den siebziger Jahren gern gebrauchte Schlagwort »Die Entspannung ist unteilbar« im Kern zutreffend bleibt: die globalen Interdependenzen haben sich ja eher noch verstärkt. Der Nord-Süd-Konflikt mag zeitweise aus den Schlagzeilen verschwinden, schwelt aber gefährlich weiter. Dasselbe gilt für eine Reihe von regionalen Konflikten, aus denen sich die beiden Supermächte teilweise zurückzogen, teilweise sich nicht herauszuhalten willens sind. Europa besitzt Mitverantwortung für die internationale Lage auch außerhalb des eigenen Kontinents. Daher muß es Ernst machen mit den bereits in der Schlußakte von Helsinki unterschiedlich deutlich ausgesprochenen Verpflichtungen gegenüber den Staaten in der Dritten Welt. Im Anschluß an Prinzip X (Erfüllung völkerrechtlicher Verpflichtungen nach Treu und Glauben) heißt es zur Anwendung aller Prinzipien u. a., daß die Teilnehmerstaaten ihre Absicht erklären, »ihre Beziehungen zu allen anderen Staaten im Geiste der in dieser Erklärung enthaltenen Prinzipien zu gestalten«. Dieser gute Vorsatz harrt noch heute und wohl noch lange der praktischen, für die Partnerländer Europas auf den anderen Kontinenten erkennbaren Ausführung. Konkreter beschreibt die Präambel von Korb II die den KSZE-Teilnehmern gestellte Herausforderung. Jugoslawien, führendes europäisches Mitglied der weltweiten Bewegung der ungebundenen Staaten, hatte die Aufnahme dieser heute – mehr noch als 1975 – aktuellen Problemliste durchgesetzt. Danach bekennen sich die TNS dazu, die Interessen der Entwicklungsländer der ganzen Welt berücksichtigen zu wollen, und drücken u. a. ihre Überzeugung aus, daß

»die zunehmende weltweite wechselseitige Abhängigkeit im Bereich der Wirtschaft in wachsendem Maße gemeinsame und wirkungsvolle Anstrengungen zur Lösung der großen Probleme der Weltwirtschaft wie der Ernährungs-, Energie-, Rohstoff-, Währungs- und Finanzprobleme erfordert . . .«

Diese gewaltigen Zukunftsaufgaben dulden keinen Aufschub mehr.

Die Bedeutung der KSZE für Deutschland und die Deutschen

Für die im Herzen Europas lebenden Deutschen, für die beiden deutschen Staaten diesseits und jenseits der West-Ost-Trennlinie ist die Bedeutung der KSZE offensichtlich. Der Bundesrepublik Deutschland kam die entscheidende Vorreiterrolle auf dem Weg zur Schlußakte zu; mit der Ostpolitik ebnete sie den Weg zur KSZE. Viele Prinzipien und konkrete Einzelbestimmungen der Schlußakte von Helsinki hatten Vorläufer in den Ostverträgen und naturgemäß in früher eingegangenen völkerrechtlichen Verpflichtungen, insbesondere der Charta der Vereinten Nationen. Was ist durch die KSZE-Dokumente für die Deutschen hinzugekommen?

Mit der KSZE gelang es, international im Kreis von 35 Teilnehmern Verpflichtungen einzugehen und sie unabhängig von West-Ost-Klimaeinbrüchen zu verstetigen. Auf solche Verpflichtungen können sich die Deutschen in beiden Staaten gegenüber ihren Regierungen berufen; dasselbe können die Regierungen gegeneinander tun. Das gilt im bilateralen Verhältnis, aber erst recht auch auf den KSZE-Veranstaltungen. Dort hat nicht nur die deutsche Bundesregierung etwa gegenüber der DDR die Erfüllung menschenrechtlicher Bestimmungen angemahnt; dort haben auch viele andere westliche und neutrale Delegationen die DDR zur Beachtung der Menschenrechte aufgefordert. Die DDR ließ und läßt sich sehr ungern auf internationalen Konferenzen und im Scheinwerferlicht der Medien angreifen oder kritisieren; sie möchte als gleichberechtigter, seriöser Partner im Staatenverkehr anerkannt und respektiert werden. Auf Implementierungskritik antwortete sie daher in der Regel – mal früher, mal später – und versuchte, dem kritisierten Mißstand alsbald abzuhelfen (selbst wenn es in der Mehrzahl bei untauglichen Versuchen blieb). KSZE-Vereinbarungen haben zudem für die Bundesregierung die Funktion gegenüber der DDR, bilaterale Abmachungen multilateral fest abzusichern. Darüber hinaus bieten die Beschlüsse der 35 die Gewähr, daß ihre Beachtung oder Nichtbeachtung auch durch die DDR ständiger internationaler Aufsicht unterliegen. Ein kleines, schon angeführtes Beispiel: bereits auf dem ersten Treffen im Rahmen der Konferenz über die Menschliche Dimension in Paris (Mai/Juni 1989) bat eine große Zahl westlicher und neutraler Staaten die DDR-Delegation um

Auskunft darüber, warum die Regierung der DDR in offiziellen Veröffentlichungen den authentischen deutschen Text des Wiener Schlußdokuments verfälscht habe (es handelt sich um die inzwischen notorisch gewordene Bestimmung zum Mindestumtausch). Die DDR blieb die Antwort schuldig. Auch hier hat inzwischen die großartige friedliche Revolution im Jahre 1989 tiefgreifende Änderungen in der DDR ermöglicht und die rasche und vollständige Erfüllung vieler KSZE-Gebote weit über das noch Mitte 1989 für realistisch gehaltene »Plansoll« hinaus erlaubt.

Die dank der Medien und durch offizielle Publikationen weitverbreiteten KSZE-Dokumente geben den Menschen überall, nicht nur in Deutschland, die Möglichkeit, auf ihre Beachtung gegenüber Verwaltungsbehörden oder Regierungsstellen zu pochen. Die DDR-Bürger etwa können sich auch in den durch die in den KSZE-Dokumenten ausdrücklich anerkannten Menschenrechtsvereinigungen zusammenschließen und für ihre Rechte kämpfen. Längst haben sie es 1989 getan und auch Parteien gegründet. Sie können sich an die Medien wenden, aber auch mit den Regierungen aller anderen Teilnehmerstaaten – nicht nur der Bundesrepublik Deutschland – Kontakt aufnehmen und um Fürsprache nachsuchen. Das Recht hierzu besitzen die Regierungen der anderen TNS; im Mechanismus zur Menschlichen Dimension sind die verschiedenen möglichen Maßnahmen in allen Einzelheiten beschrieben. Ist ein KSZE-Dokument nicht erhältlich, kann jeder Bürger auf die im Wiener Schlußdokument aufgenommene Verpflichtung zur Veröffentlichung und Verbreitung aller KSZE-Dokumente, möglichst auch durch Verfügbarkeit in öffentlichen Bibliotheken, hinweisen. Selbst wenn die inzwischen vollzogenen und die noch bevorstehenden Demokratiereformen, einschließlich freier Wahlen, mit vollem Erfolg in der DDR gelingen, verlieren die KSZE-Standards nicht ihre Relevanz für die tägliche Absicherung der Menschenrechte und für den umfassenden Aufbau der noch in den Anfängen steckenden rechtsstaatlichen Ordnung.

Die »Zehn Gebote« schafft man nicht deshalb ab, weil sie streckenweise sogar eingehalten werden!

Die seit dem Zweiten Weltkrieg sogenannte »Deutsche Frage« wird durch die KSZE-Dokumente nicht nur offengehalten; vielmehr bieten sie ein gegenüber allen europäischen Staaten berufungsfähiges Instrument zur friedlichen Verfolgung der Politik der Bundesrepublik Deutschland, die darauf gerichtet ist, auf einen Zustand des Friedens in Europa hinzuwirken, in dem das deutsche Volk in freier Selbstbestimmung seine Einheit wiedererlangt. Das ergibt sich aus zentralen Aussagen in der Schlußakte, die im Wiener ebenso wie im Madrider Schlußdokument bekräftigt worden sind. Der Prinzipienkatalog in Sonderheit enthält die bereits erläuterten, je nach Bedarf dynamisierbaren Grundregeln zum friedlichen Wandel in Europa: das Recht auf Selbstbestimmung jedes europäischen Volkes; die Möglichkeit,

Grenzen friedlich und durch Vereinbarung zu verändern; schließlich das Prinzip zur Achtung der Menschenrechte. Ferner wird in den Schlußklauseln des Prinzipienkatalogs festgestellt, daß er weder die Rechte und die Verpflichtungen der TNS noch die diesbezüglichen Verträge, Abkommen und Abmachungen berührt. Diese Klausel ist so ausdrücklich auch zur Rechtswahrung im Hinblick auf die Rechte und Pflichten der Vier Mächte für Berlin und Deutschland als Ganzes und auf den Deutschland-Vertrag zwischen den USA, Frankreich, Großbritannien und der Bundesrepublik Deutschland beschlossen worden.

Alle Bundesregierungen sahen und sehen auch für die Zukunft im KSZE-Prozeß die Kursbestimmung für ganz Europa. Beide deutsche Staaten sind gleichberechtigte und geachtete Teilnehmer im Kreis der 35. Die Achtung ihrer europäischen Partner und Verständnis für nationale Ziele werden sie jedoch nur dann behalten oder erringen, wenn sie ihrerseits den gesamten KSZE-Kodex nach Geist und Buchstaben erfüllen und von den anderen Teilnehmerstaaten nichts fordern, was sie nicht selbst zu erfüllen bereit sind.

Europas Antwort auf die offene »Deutsche Frage«, auf die natürliche Sehnsucht nach nationaler Einheit, wird erst dann positiv ausfallen, wenn mit Gewißheit gewährleistet ist, daß eine Neuvereinigung der beiden deutschen Staaten keine Bedrohung für die Nachbarn, sondern eine Bereicherung im Sinne überbrückender Verbindung zwischen West und Ost darstellt. Dazu gehört, daß in ganz Europa dieselben Maßstäbe zur Sicherung des Friedens, zur Achtung aller Menschenrechte, zur Schaffung eines gleich hohen Lebensstandards und zum Ausbau gegenseitig nützlicher Zusammenarbeit gelten. Nur in einem homogenen Europa ist für eine neu definierte deutsche Einheit Platz. Unabdingbar ist allerdings dabei, von deutscher Seite unzweideutig und ohne formaljuristische Rückgriffe auf einen noch ausstehenden – und 45 Jahre nach dem Krieg anachronistisch gewordenen – Friedensvertrag zu erklären, was alle anderen Europäer und auch die engsten Verbündeten der Bundesrepublik Deutschland, die USA, das Vereinigte Königreich und Frankreich, längst getan haben, nämlich daß ein vereinigtes Deutschland die bestehenden Grenzen Polens nicht antastet. Polen muß heute wissen, daß die Deutschen – die Regierungen der beiden bestehenden Staaten ebenso wie die Staatsführung eines neu vereinigten Deutschlands – in Zukunft keine Gebietsansprüche gegenüber Polen haben oder erheben werden. Nur in einer solchen, die bitteren Realitäten nach dem Zweiten Weltkrieg anerkennenden Haltung hat »Deutschland als Ganzes« Aussicht auf Verwirklichung und auf Zustimmung in Europa. Für alle Deutschen muß gelten, was Willy Brandt am 7. Dezember 1970 in Warschau bei der Unterzeichnung des Deutsch-Polnischen Vertrages gesagt hat: »Meine Regierung nimmt die Ergebnisse der Geschichte an.« Noch deutlicher hat

Brandt am 12. August 1970 in seiner Fernsehansprache, die er aus Moskau an die deutsche Bevölkerung gerichtet hat, erklärt: ». . . mit diesem Vertrag geht nichts verloren, was nicht längst verspielt worden war. Wir haben den Mut, ein neues Blatt in der Geschichte aufzuschlagen . . .«

Ausblick

34

Alle Europäer, nicht allein die Deutschen, sollten folgende Maximen für ihren Umgang miteinander und für ihre mannigfaltigen Beziehungen im Rahmen des KSZE-Prozesses befolgen: Regierungen und Bürger müssen für die Geschichte offen sein, sich ihrem künftigen, ungewissen Gang nicht einfach in passivem Fatalismus unterwerfen, sondern mit Phantasie und Initiative ihre Richtung mitbestimmen. Für neue und überraschende Änderungen müssen sie aufgeschlossen und lernfähig sein. Wer hätte den wahrhaft revolutionär zu nennenden Wandel in Europa im Laufe des Jahres 1989, in allen Ländern Mittel- und Osteuropas, vorauszusehen gewagt? – Hierauf schnell und richtig zu reagieren, ist nicht leicht, aber tatenlos kann oder darf niemand dem Geschehen zuschauen. Die Chancen zur gemeinsamen Zukunftsgestaltung müssen ergriffen werden. Richard von Weizsäcker hat es treffend ausgedrückt: »Die Geschichte pflegt ihre Angebote nicht zu wiederholen.«

Zur Pflege der internationalen Beziehungen und vornehmlich auch zum KSZE-Prozeß gehört es, mit beharrlicher Geduld einmal als richtig erkannte politische Grundziele zu verfolgen. Die den Europäern auferlegten Aufgaben sind groß und brauchen viel Zeit, aber Optimismus ist erlaubt. Robert Musils schöner Gedanke, Möglichkeiten seien noch nicht geborene Wirklichkeiten, läßt sich auch für die prosaische KSZE-Politik fruchtbar machen. Vielleicht ist es anmaßend, aber kann der KSZE-Prozeß nicht als ein unvollendetes und auch nie vollendbares west-östliches Gesamtkunstwerk betrachtet werden, das die 35 Teilnehmer gemeinsam zum Aufbau eines Europas des Friedens und der Freiheit, der Offenheit nach innen und nach außen schaffen wollen und können?

In seiner Schlußerklärung auf dem Wiener Treffen hat George Shultz einige Zeilen des großen amerikanischen Poeten Robert Frost – übrigens des Lieblingsdichters von John F. Kennedy – zitiert, die in jedem amerikanischen Literaturlehrbuch zu finden sind. Für das Unternehmen der 35 bringen diese Verse eine frische Botschaft, gemischt aus Melancholie und Hoffnung:

»The woods are lovely, dark and deep,
But we have promises to keep,
And miles to go before we sleep,
And miles to go before we sleep.«

Die KSZE hat einen langen, vielversprechenden Weg vor sich.

Postskriptum Mai 1990

Um sich zu rechtfertigen
muß jedes denkbare System
sich transzendieren,
d. h. zerstören.

Hans Magnus Enzensberger

Von Anfang 1989 bis zum Sommer 1990 geschah – in beispiellosem Zeitraffer – Revolutionäres in Europa. Der KSZE-Prozeß blieb davon naturgemäß nicht unberührt. Das mit der Annahme des Wiener Schlußdokuments am 15. Januar so hoffnungsvoll begonnene Jahr 1989 wurde zum »Jahr der friedlichen Revolution« in Mittel- und Osteuropa. In Stichworten: Erste freie und halbwegs repräsentative Wahlen in Polen mit Bildung einer von »Solidarnosc«-Mitgliedern angeführten Regierung. Entscheidung Ungarns unter Berufung auf das Wiener Schlußdokument, DDR-Bürgern (entgegen einem früheren bilateralen Abkommen mit der DDR) ohne Ausreisevisen freie Fahrt in den Westen zu erlauben. Regelmäßig montags in Leipzig friedliche Demonstrationen; trotz entsprechender Vorkehrungen keine Gewaltanwendung der DDR-Sicherheitsbehörden in der denkwürdigen Demonstration am 9. Oktober. Wenige Tage später Sturz des langjährigen Staats- und Parteichefs Honecker. Am 9. November der Fall der Mauer, die seit 1961 Deutschland und Europa so grausam geteilt hatte. Am 28. November verkündet Bundeskanzler Kohl im Deutschen Bundestag seinen Zehn-Punkte-Plan für den Weg zur deutschen Einheit; Punkt 8 lautet: »Der KSZE-Prozeß ist ein Herzstück dieser gesamteuropäischen Architektur.« Auch in Bulgarien Freiheitsregungen; auf der KSZE-Umweltkonferenz in Sofia kamen erstmals Dissidenten zu Wort, kurz darauf Rücktritt von Staats- und Parteichef Schiwkow. Noch vor Jahresende in Rumänien der langersehnte (und blutige) Sturz des Diktators Ceausescu. Leider Wiederaufflammen von Nationalismus und zeitweise erneute gewalttätige Verfolgung der ungarischen Minderheit. Glückliches Ende des Jahres 1989, fast wie im Märchen: die Wahl des so lange verfolgten, oft inhaftierten Schrift-

163

stellers Vaclav Havel zum Präsidenten der Tschechoslowakei; auch dort Triumph der Freiheit über das kommunistische Regime im November. Zu den Umwälzungen in einigen dieser Länder gehörte auch die Streichung des Machtmonopols der Kommunistischen Partei aus den Verfassungen. Die Sowjetunion unter der Führung Gorbatschows hatte den revolutionären Wandel in den »sozialistischen Bruderstaaten« nicht nur geduldet, sondern ausdrücklich begrüßt und ermuntert. So hatte Gorbatschow in Ost-Berlin beim 40-Jahr-Jubiläum der DDR Honecker und das erstarrte SED-Regime gemahnt: »Wer zu spät kommt, den bestraft das Leben.« In der Sowjetunion wurde schon wenige Monate später die Stellung des Staatspräsidenten spürbar gestärkt und Gorbatschow in das Amt gewählt. Auch hier fiel das Monopol der Kommunistischen Partei; dafür hatte sich wenige Monate zuvor der kurz darauf verstorbene Andrej Sacharow eingesetzt. Im Vielvölkerstaat Jugoslawien gefährden nationale Bestrebungen den Zusammenhalt, ja die Existenz des Gesamtstaates; offensichtlich ist die schwierige Entwicklung auch von Verletzungen der Menschenrechte begleitet.

Anfang des Jahres 1990 beschleunigte sich das Tempo der Entwicklungen in Deutschland dramatisch in Richtung Wiedervereinigung, verstanden als Vereinigung der Bundesrepublik Deutschland mit der DDR und Berlin: »Nicht mehr und nicht weniger«, wie es Bundesaußenminister Genscher ausdrückte. Nachdem Gorbatschow am 10. Februar 1990 gegenüber Bundeskanzler Kohl in Moskau die grundsätzliche Zustimmung der Sowjetunion zum deutschen Vereinigungprozeß gab, ging es schnell und konkret auf diesem Weg weiter: nach den ersten freien Wahlen in der DDR am 18. März innerdeutsche Verhandlungen und Vereinbarungen über die Schaffung einer Währungs-, Wirtschafts- und Sozialunion (Inkrafttreten am 1. Juli 1990). In der Präambel des am 18. Mai in Bonn unterzeichneten Staatsvertrages heißt es u.a.: »Entschlossen, in Freiheit die Einheit Deutschlands in einer europäischen Friedensordnung alsbald zu vollenden.« Gesamteuropäisch (in Ottawa Mitte Februar beim Treffen der 23 Außenminister von NATO und Warschauer Pakt) Einigung über den Beginn der sogenannten »2 plus 4«-Gespräche zwischen den beiden deutschen Staaten und den USA, der Sowjetunion, Großbritannien und Frankreich (also den vier »Siegermächten« des Zweiten Weltkrieges) über die äußeren Aspekte der deutschen Vereinigung. In der Abschlußerklärung der ersten Runde dieser sechs Minister am 5. Mai in Bonn erklärte Außenminister Genscher, als Vorsitzender der Konferenz, u. a.: ». . . Es bestand eine bemerkenswerte Übereinstimmung in der Einschätzung der Bedeutung des KSZE-Prozesses und der Notwendigkeit, ihn auszubauen und zu vertiefen . . .«

Sowohl im Jahre 1989, dem »annus mirabilis«, wie in den ersten Monaten des Jahres 1990 war der KSZE-Prozeß an Aufbruch und Umbruch in Europa beteiligt. Schon seit 1975 hat die KSZE den Weg zum Reform- und dann zum Revolutionskurs in Mittel- und Osteuropa zu ebnen geholfen. Dazu merkte der frühere Bundeskanzler Helmut Schmidt im Januar 1990 an, der Fall der Mauer in Berlin sei eine späte Frucht der Ostverträge, der Helsinki-Schlußakte und der Gorbatschowschen Öffnungspolitik. Und Egon Bahr im Februar 1990: »Die Schlußakte von Helsinki wurde drüben zur Bibel und hat einiges in Gang gesetzt.«

Das Wiener Schlußdokument entfaltete sogleich und unmittelbar Wirkungen. Auf den in Wien vereinbarten KSZE-Expertentreffen konnten sich die Fürsprecher demokratischen Wandels artikulieren. So kritisierten auf dem Londoner Informationsforum schon im April 1989 oppositionelle Journalisten aus Ungarn und Polen – als weisungsunabhängige Mitglieder der Regierungsdelegationen – ihre eigenen Regierungen offen und ungeschminkt. In Sofia – bei der Umweltkonferenz im Oktober '89 – bewährten sich die Wiener Regeln des Zugangs und der Offenheit zugunsten unabhängiger ökologischer Gruppen und trugen zum beschleunigten Abtritt Schiwkows bei. Auf der ersten Konferenz über die Menschliche Dimension in Paris (Mai/Juni 1989) brachten Frankreich und die Sowjetunion einen gemeinsamen Vorschlag zur Schaffung eines gesamteuropäischen Rechtsraums ein; die Sowjets bekräftigten glaubwürdig ihren Vorsatz, die Menschenrechte uneingeschränkt zu respektieren. Nichtsdestoweniger wird auf dem zweiten Treffen zur Menschlichen Dimension in Kopenhagen (Juni 1990) wieder festzustellen sein: noch längst sind nicht alle Menschenrechte in Europa vollständig verwirklicht, noch immer werden Minderheiten bedroht, weiterhin steht das Streben nach Selbstbestimmung, wie es besonders deutlich der mutig verfochtene Anspruch Litauens, Estlands und Lettlands auf Unabhängigkeit dokumentiert, auf der internationalen Tagesordnung. – Albanien, der einzige bisher dem KSZE-Prozeß ferngebliebene europäische Staat, bekundete seine Absicht, der KSZE beizutreten, wozu jedoch eine Konsensentscheidung der 35 (wohl auf Gipfelebene) erforderlich ist.

Auf dem Gebiet der Militärischen Sicherheit hatten am 9. März 1989, ebenfalls in Wien, zwei Verhandlungen begonnen: die Verhandlungen über Konventionelle Streitkräfte in Europa (VKSE) zwischen den 23 Mitgliedstaaten von NATO und Warschauer Pakt sowie die Verhandlungen über Vertrauens- und Sicherheitsbildende Maßnahmen (VVSBM) zwischen allen 35 KSZE-Teilnehmerstaaten. Die VKSE legten ein für die Rüstungskontrollgeschichte beispielloses Tempo vor und erzielten auf der Basis westlicher Konzepte sehr früh West-Ost-Einigungen über Grundregeln und Hauptinhalte eines ersten Abkommens. Dies alles auf der Grundlage des in Wien ausgearbeiteten Mandates, das u. a. die Abschaffung vorhandener Asymmetrien in der konventionellen Rüstung und die Beseitigung jeglicher Möglichkeit von Überraschungsangriffen und großräumigen Offensiven vorsieht. Mit dem ersten KSE-Vertrag geht es vor allem darum, die konventionelle Überrüstung in Europa auf ein erheblich niedrigeres Niveau herunterzuschrauben. Grundsätzliche Einigung besteht darüber, alle für Offensivzwecke geeignete Waffensysteme drastisch zu reduzieren. Ein Beispiel zur Veranschaulichung: West und Ost wollen die Gesamtzahl der Kampfpanzer auf je 20 000 pro Bündnis vermindern – bisher besitzt der Warschauer Pakt ca. 60 000, die NATO ca. 27 000 Panzer (je nach Definitionsansatz). Doch bei den VKSE in Wien zeigte sich augenfällig die unaufhaltsame Auflösung des Warschauer Paktes. Die sieben Mitglieder wurden alle zu souveränen Akteuren in den Verhandlungen und akzeptierten nicht mehr die alleinige Führung der Sowjetunion, die angesichts der vielen neuen Ungewißheiten, insbesondere bei der deutschen Vereinigung, das Verhandlungstempo seit Februar 1990 offensichtlich zeitweilig drosselte. Für den Herbst 1990 wird aber immer noch der erfolgreiche Abschluß eines KSE-Abkommens für möglich gehalten. Dem soll sich nach Auffassung inzwischen aller Teilnehmer (auf Initiative der Bundesrepublik Deutschland) ohne Unterbrechung ein »Wien I a« anschließen. Außenminister Genscher sprach als ein Leitprinzip europäischer Politik aus, nach 1989, dem »Jahr der Freiheit«, müsse 1990 das »Jahr der Abrüstung« folgen. Mit durchgreifenden Erfolgen bei der Abrüstung könnte sich auch die Funktion der Militärallianzen ändern: Umwandlung in Kontrollinstitutionen zur Durchführung und Überwachung der Rüstungsreduzierungen, schließlich hin zu einer überwiegend politischen Orientierung mit der Hauptaufgabe, das »Management« für die Herstellung kooperativer Sicherheitsstrukturen für ganz Europa zu besorgen. Ein besonders wünschenswerter Nebeneffekt spürbarer Abrüstung wäre die – allerdings keineswegs schnell erreichbare – erhebliche Senkung der Kosten für die Verteidigung und damit die Möglichkeit, freiwerdende finanzielle Ressourcen für vernachlässigte Zukunftsaufgaben wie z. B. den Umweltschutz einzusetzen. Die Vorstellung, am Ende dieser Entwicklung könne das »Eine Europa« ohne die Aufrechterhaltung konfrontativer Militärbündnisse stehen, ist keine Utopie mehr.

Angesichts der gewaltigen Umwälzungen in Europa und gewiß auch im Hinblick auf den deutschen Vereinigungsprozeß entwickelte sich ein umfassender Konsens in allen europäischen Staaten, noch bis Ende 1990 ein Gipfeltreffen der Staats- und Regierungschefs der 35 KSZE-Teilnehmer abzuhalten. Dies solle dazu dienen, die gesamteuropäische Entwicklung und darin die Deutsche Frage in den Stabilitätsrahmen der KSZE einzubetten. Schon Ende 1989 hatte der US-Außenminister Baker in einer die Europäer angenehm überraschenden Weise die Eignung der KSZE für den Aufbau der Europäischen Friedensordnung gepriesen; in seiner Grundsatzrede in Berlin, nur wenige Tage nach dem Fall der Mauer, entdeckte er auch die Vorzüge des Korbes II und sprach ihm wesentliche Funktionen für die West-

Ost-Kooperation zu. Im März/April 1990 fand in Bonn die KSZE-Wirtschaftskonferenz statt, der die US-Delegation auf dem Wiener Treffen erst am Schluß widerstrebend zugestimmt hatte. Die Bonner Konferenz wurde zu einem vollen Erfolg: Die Gastgeber hatten ursprünglich etwa 700 bis 800 Teilnehmer erwartet, rund 2000 kamen, darunter 100 Generaldirektoren aus der Sowjetunion. In Bonn wurde nicht nur die Gelegenheit zu konkreten Kontakten zwischen den führenden Geschäftsleuten der 35 ausgiebig genutzt, sondern ein ungewöhnlich inhaltsreiches Schlußdokument unter ausdrücklicher Anerkennung des westlichen Wirtschaftsmodells verabschiedet. Erstmals bekannten sich auch die östlichen Teilnehmer zum Zusammenhang zwischen politischem Pluralismus und Marktwirtschaft; sie erklärten sich u.a. dem demokratischen Mehrparteiensystem und der Rechtsstaatlichkeit verpflichtet.

Ein weiteres Problem ließ sich Anfang 1990 lösen, nämlich die uneingeschränkte Anerkennung der polnischen Westgrenze. Nachdem Bundeskanzler Kohl einige Wochen lang zum Befremden der politischen Führungen in West und Ost die Anerkennung nicht in der erwarteten eindeutigen Weise zum Ausdruck brachte, kam es im Deutschen Bundestag am 8. März 1990 zu einem klaren Beschluß aller dort vertretenen Parteien. Darin heißt es u.a.:

»Das polnische Volk soll wissen, daß sein Recht, in sicheren Grenzen zu leben, von uns Deutschen weder jetzt noch in Zukunft durch Gebietsansprüche in Frage gestellt wird.«

Weiter trat der Bundestag dafür ein, die Grenzfrage in diesem Sinne in einem Vertrag zwischen einer gesamtdeutschen Regierung und der polnischen Regierung zu regeln und so die Aussöhnung zwischen beiden Völkern zu besiegeln.

Nach den ersten freien Wahlen in der DDR (erste gesamtdeutsche Wahlen vielleicht noch 1990!) folgten nur eine Woche später, am 25.März, auch solche in Ungarn. Die Wahlen am 20. Mai in Rumänien fanden unter Begleitumständen statt, die das Attribut »frei« noch nicht verdienten. Für die Wahlen in der inzwischen umbenannten CSFR ist dagegen die Aussicht auf echte freie Wahlen gut; im Falle von Bulgarien ist die Prognose derzeit noch unklar.

In der gesamteuropäischen Diskussion über die Zukunft des Kontinents schälte sich ein erstaunliches Maß an Übereinstimmung darüber heraus, die KSZE als Rahmen und Richtschnur auf dem Weg zu zwei miteinander verbundenen Kooperationszielen, sowohl blockübergreifenden Sicherheitsstrukturen als auch einem umfassenden europäischen Wirtschaftsraum, zu nutzen. Damit verbinden sich bereits Überlegungen über eine allmähliche Institutionalisierung des KSZE-Prozesses durch die Schaffung einzelner Agenturen oder Gremien zu wichtigen Kooperationsthemen: z. B. die Einrichtung eines regelmäßig tagenden Außenministerrats der 35, die Etablierung eines Konfliktschlichtungszentrums, die Gründung einer Umweltagentur. Mitte Juli 1990 soll in Wien die Vorbereitung des für November in Paris angestrebten KSZE-Gipfeltreffens beginnen und dabei auch die Frage permanenter KSZE-Institutionen vorklären.

Resümee: Die Bilanz der KSZE seit Abschluß des Wiener Folgetreffens ist weit erfreulicher, als irgend jemand erwarten konnte; im Wandel hat sich die KSZE bewährt; für den künftigen Kurs »KSZE-Europas« (mit Einschluß der USA und Kanadas – und bald auch Albaniens!) bleibt die Schlußakte von Helsinki der bewährte Kompaß. Trotz aller berechtigten Zuversicht dürfen die Europäer jedoch nicht in Selbstbezogenheit verharren und »den Rest der Welt« vergessen. Dringend müssen die globalen Herausforderungen – Hunger, Krankheit, Unterentwicklung, Terrorismus, Drogensucht u. v. m. – gemeinsam mit den Ländern der allzu vereinfacht so genannten »Dritten Welt« in Angriff genommen werden. Solidarität ist die Forderung des Tages. Zu Recht, denn: »Jedermann will frei sein, und jedermann will essen.« (Alexis de Tocqueville)

Anhang

I. Übersicht der im Text (vollständig oder auszugsweise) abgedruckten Dokumente

II. KSZE-Wegweiser für den ratsuchenden Bürger

Wer sich als einzelner Bürger gegenüber der Regierung seines Landes oder gegen Verwaltungsbehörden auf die KSZE-Verpflichtungen berufen will, kann die Regierungsstellen zunächst einmal an folgende Wiener Bestimmungen erinnern:

In Korb I/Abschnitt Prinzipien, heißt es
in der Randziffer 12:
Sie bekunden ihre Entschlossenheit, die wirksame Ausübung der Menschenrechte und Grundfreiheiten zu garantieren, . . . Sie erkennen an, daß alle . . . Rechte und Freiheiten von überragender Bedeutung sind und mit allen zu Gebote stehenden Mitteln in vollem Umfang verwirklicht werden müssen.
in den Randziffern 13. 3 und 13. 4:
Die Teilnehmerstaaten werden
– den Text der Schlußakte, des Abschließende Dokuments von Madrid uind des vorliegenden Dokuments sowie aller anderen einschlägigen internationalen Dokumente zu Fragen der Menschrechte veröffentlichen und verbreiten, um zu gewährleisten, daß diese Dokumente in ihrer Gesamtheit zur Verfügung stehen, eine möglichst breite Öffentlichkeit darüber informieren und sie allen Personen in ihren Ländern, insbesondere über öffentliche Bibliotheken, zugänglich zu machen;
– das Recht des einzelnen, seine Rechte und Pflichten auf diesem Gebiet zu kennen und auszuüben, wirksam gewährleisten und zu diesem Zweck alle Gesetze Verordnungen und Verfahrensvorschriften betreffend die Menschenrechte und Grundfreiheiten veröffentlichen und zugänglich machen; . . .
Wer den vollständigen Text des Wiener Schlußdokuments vom 15. 1. 1989 sucht, sei auf folgende Veröffentlichungen verwiesen:
– Bulletin des Presse- und Informationsamtes der Bundesregierung, Nr. 10/ 1989, S. 77–108 (zusammen mit der Wiener Schlußerklärung des Bundesminister des Auswärtigen, Hans-Dietrich Genscher), 5300 Bonn 1 (kostenlose Anforderung beim BPA möglich)
– Europa-Archiv Nr. 5 vom 10. 3. 1989, D 133 ff.

– Sicherheit und Zusammenarbeit in Europa (Dokumentation zum KSZE-Prozeß), Hrsg. Auswärtiges Amt, 5300 Bonn 1, Neuauflage März 1990, (mit allen wesentlichen KSZE-Dokumenten); ebenfalls kostenlos vom AA zu erhalten.

III. Kleine Auswahlbibliographie

Diese Auswahl erhebt keinen Anspruch auf Vollständigkeit oder akademische Wissenschaftlichkeit, sondern will den ersten Zugang zur Materie – auch durch seriöse, aber nicht so teure Taschenbücher – erleichtern. Der wissenschaftlich ambitionierte Leser kann besonders in den aufgeführten Veröffentlichungen des Europa-Archivs und in dem verhältnismäßig aktuellen Buch »Perspektiven für Sicherheit und Zusammenarbeit in Europa« von Jacobsen/Machowski/Sager (Bonn 1988) eine Fülle von weiterführenden Literaturhinweisen finden.

Literatur zu den West-Ost-Beziehungen und zur Deutschlandpolitik
Bender, Peter: Neue Ostpolitik – Vom Mauerbau bis zum Moskauer Vertrag
    In: Deutsche Geschichte der neuesten Zeit – dtv
    München – Nördlingen 1986
Dokumentation zur Ostpolitik der Bundesregierung
    Verträge und Vereinbarungen
    Herausgegeben vom Presse- und Informationsamt der Bundesregierung
    Bonn 1986
Haftendorn, Helga: Sicherheit und Entspannung. Zur Außenpolitik der Bundesrepublik Deutschland 1955–1982
    Baden-Baden 1983
Hillgruber, Andreas: Deutsche Geschichte 1945 – 1986
    Die »deutsche Frage« in der Weltpolitik
    In: Urban-Taschenbücher (Band 360) – Kohlhammer
    Stuttgart – Berlin – Köln – Mainz 1987
Rechtsstellung Deutschlands – Völkerrechtliche Verträge und andere rechtsgestaltende Akte
    Herausgegeben von Professor Dr. Dietrich Rauschning
    In: Beck-Texte im dtv
    München – Nördlingen 1985
Vogelsang, Thilo: Das geteilte Deutschland
    In: dtv-Weltgeschichte des 20. Jahrhunderts (Band 11)
    Herausgegeben von Martin Broszat und Helmut Heiber
    München – Nördlingen 1976

Literatur zum KSZE-Prozeß allgemein
Das Belgrader KSZE-Folgetreffen – Der Fortgang des Entspannungspro-
zesses in Europa
  In: Beiträge und Dokumente aus dem Europa-Archiv
  Herausgegeben von Hermann Volle und Wolfgang Wagner
  Bonn 1978
Canada and the Conference on Security and Co-operation in Europe
  Herausgeber: Robert Spencer
  Centre for International Studies, University of Toronto
  1984
CSCE: N + N Perspectives
  Herausgeber: Hanspeter Neuhold
  In: The Laxenburg Papers (LP 8/December 1987)
  Wien 1987
Goldberg, Paul:
  The Final Act – The dramatic, revealing story of the Moscow Helsinki
  Watch Group –
  New York 1988
Hearing before the Commission on Security and Cooperation in Europe –
  One Hundredth First Congress, First Session –: Conclusion of the
  Vienna Meeting and Implications for U. S. Policy
  U. S. Government Printing Office
  Washington 1989
Jacobsen, Hanns-D./Machowski, Heinrich/Sager, Dirk (Hrsg.)
  Perspektiven für Sicherheit und Zusammenarbeit in Europa
  In: Studien zur Geschichte und Politik – Schriftenreihe Band 268
  Bonn 1988
Kant, Hermann: Die Summe
  Berlin 1987
  (Eine streckenweise amüsante Satire auf die Konferenzdiplomatie am
  Beispiel des Budapester KSZE-Kulturforums, an dem der inzwischen
  »verfemte« Autor als Mitglied der DDR-Delegation teilnahm)
Kowaljow, Anatoli: ABC der Diplomatie
  Berlin 1980
KSZE – Konferenz über Sicherheit und Zusammenarbeit in Europa
  In: Beiträge und Dokumente aus dem Europa-Archiv
  Herausgegeben von Hermann Volle und Wolfgang Wagner
  Bonn 1976
Das KSZE-Kulturforum in Budapest
  Dokumentation
  Herausgeber: Auswärtiges Amt, Bonn
  Remscheid 1986

Die KSZE und die Menschenrechte – Politische und rechtliche Überlegungen zur zweiten Etappe
In: Studien zur Deutschlandfrage
Herausgegeben vom Göttinger Arbeitskreis
Berlin 1977
KSZE – KVAE
Phraseologie der Schlußakte von Helsinki, der Abschließenden Dokumente des Belgrader und Madrider Treffens sowie des Dokuments der Stockholmer KVAE-Konferenz
Herausgeber: Auswärtiges Amt, Bonn
Bonn 1987
Das Madrider KSZE-Folgetreffen – Der Fortgang des KSZE-Prozesses in Europa
In: Beiträge und Dokumente aus dem Europa-Archiv
Herausgegeben von Hermann Volle und Wolfgang Wagner
Redaktion: Tilmann Chladek
Bonn 1984
Maresca, John J.: To Helsinki – The Conference on Security and Coopration in Europe, 1973–1975
In: Duke Press Policy Studies
Duke University Press (USA) 1985
Mastny, Vojtech: Helsinki, Human Rights, and European Security
Analysis and Documentation
Durham (USA) 1986
Menschenrechte in den Staaten des Warschauer Paktes
Bericht der unabhängigen Wissenschaftlerkommission
In: Bundesanzeiger, Köln
Bonn 1988
Menschenrechte in der Welt – Konventionen, Erklärungen, Perspektiven –
Dokumentation
Herausgeber: Auswärtiges Amt, Referat Öffentlichkeitsarbeit, Bonn
Remscheid 1985
Report on a Negotiation, Helsinki – Geneva – Helsinki 1972–1975
Herausgeber: Luigi Vittorio Ferraris
Genf 1979
Sicherheit und Zusammenarbeit in Europa
Dokumentation zum KSZE-Prozeß
Herausgeber: Auswärtiges Amt, Referat Öffentlichkeitsarbeit, Bonn
Remscheid 1984
Sizoo, Jan & Jurrjens, Rudolf Th.: CSCE Decision-Making – The Madrid Experience
Den Haag 1984

Ten Years After Helsinki – The Making of the European Security Regime
Herausgegeben von Kari Möttölä
In: Westview Special Studies in International Security Boulder, Colorado (USA) 1986
Wörterbuch der Außenpolitik und des Völkerrechts
Herausgeber: Institut für Internationale Beziehungen an der Akademie für Staats- und Rechtswissenschaft der DDR
Berlin 1980

Veröffentlichungen zum Wiener Treffen 1986–1989 sowie zum Wiener Schlußdokument vom 15. 1. 1989
Der Abschluß des Wiener KSZE-Folgetreffens. Erklärungen der Außenminister
In: Europa-Archiv
Heft 6/1989, D 165 ff.
Bruns, Wilhelm: Mehr Substanz in den Ost-West-Beziehungen.
Zur dritten KSZE-Folgekonferenz in Wien
In: Aus Politik und Zeitgeschichte – Beilage zur Wochenzeitung Das Parlament
B 12/89, 17. März 1989
Dokumente zur Eröffnung des KSZE-Folgetreffens in Wien
In: Europa-Archiv
Heft 5/1987, D 253 ff.
Groth, Michael: Fortschritte im KSZE-Prozeß. Das dritte Folgetreffen in Wien
In: Europa-Archiv
Heft 3/1989, 95 ff.
Lehne, Stefan: Das Wiener KSZE-Folgetreffen – Verlauf und Ereignisse im Österreichischen Jahrbuch für Internationale Politik 1988
Wien 1988
Palmisano, Simon: KSZE Wiener Treffen – Chronik
Institut für Militärische Sicherheitspolitik an der Landesverteidigungsakademie Wien
Wien 1989

IV. Abkürzungsverzeichnis

COCOM   Coordinating Committee for Export Control
(Ostexportkontrollgremium der NATO-Staaten
[außer Island] sowie Australiens und Japans)

ECE   Economic Commission for Europe
(Wirtschaftskommission der VN in Europa)

ECU   European Currency Unit (Europäische Währungseinheit)

EFTA   European Free Trade Association
(Europäische Freihandels Assoziation;
Mitglieder: Finnland, Island, Norwegen, Österreich,
Schweden, Schweiz)

EG   Europäische Gemeinschaft (erst 6, dann 9, heute 12 Mitglieder)

EPZ   Europäische Politische Zusammenarbeit
(der 12 EG-Staaten)

GRID   (Englisch: Raster) Arbeitsprogrammschema für KSZE-
Konferenzen

IGFM   Internationale Gesellschaft für Menschenrechte
(Sitz Frankfurt)

INF   Intermediate Nuclear Forces (Nukleare Mittelstreckenrake-
ten); Vertrag über Abschaffung dieser Raketen zwischen USA
und Sowjetunion 1987

IPBPR   Internationaler Pakt über Bürgerliche und Politische
Rechte von 1966 (in Kraft getreten 1976)

IPU   Interparlamentarische Union

ITU   International Telecommunication Union
(Internationale Fernmeldeunion)

KSZE   Konferenz über Sicherheit und Zusammenarbeit in Europa

KVAE   Konferenz (der 35 KSZE-Teilnehmer) über Vertrauens-
und Sicherheitsbildende Maßnahmen und Abrüstung in
Europa (Stockholm 1984–1986)

MBFR   Mutual Balanced Force Reductions (Verhandlungen über
gegenseitige ausgewogene Kräftereduzierungen)

NATO   North Atlantic Treaty Organization:
Westliches Verteidigungsbündnis (16 Mitglieder)

NuN   Neutral and Non-aligned States (Neutrale und
Nichtpaktgebundene [auch: ungebundene] Staaten)

PS   Participating States = TNS

RGW   Rat für gegenseitige Wirtschaftshilfe (der Staaten des
Warschauer Pakts und anderer Länder wie z. B. Kuba und
Mongolei)

SALT	Strategic Arms Limitation Talks (Verhandlungen über Beschränkung strategischer Nuklearwaffen zwischen USA und Sowjetunion)
START	Strategic Arms Reduction Talks (= Nachfolgegespräche der SALT)
TNS	Teilnehmerstaaten
TO	Tagesordnung
UNESCO	United Nations Educational, Scientific and Cultural Organization (Organisation der Vereinten Nationen für Erziehung, Wissenschaft und Kultur)
VKSE	Verhandlungen über Konventionelle Streitkräfte in Europa
VN	Vereinte Nationen
oder UNO	(United Nations Organization)
VVSBM	Verhandlungen über Vertrauens- und Sicherheitsbildende Maßnahmen
WFT	Wiener Folgetreffen
WP	Warschauer Pakt (z. Zt. 7 Mitglieder)
WT	Wiener Treffen